現代の預言者 ペーター・ダノフ

その人生と教え

デヴィッド・ロリマー 編
辻谷瑞穂 訳

PROPHET FOR OUR TIMES

THE LIFE & TEACHINGS OF PETER DEUNOV

ナチュラルスピリット

PROPHET FOR OUR TIMES
Edited by DAVID LORIMER
Foreword by DR WAYNE W. DYER

English language publication 2015 by Hay House Inc.
Japanese translation published by arrangement with
Hay House UK Ltd. through The English Agency(Japan)Ltd.

Tune into Hay House broadcasting at : www.hayhouseradio.com

現代の預言者ペーター・ダノフ　その人生と教え　目次

序文

あなたは今、私が大好きな本、私がマスターと崇める人物が書いた本を手にしています。尊敬するペーター・ダノフが話したり書いたりして表された言葉を英語でまとめたこの本に、一言添えることができることを光栄に思っています。

私にとってペーター・ダノフ（スピリチュアル・ネーム：ベインサ・ドウノ）は、一九世紀から二〇世紀における最も偉大で影響力のあるスピリチュアル・ティーチャーのひとりです。かのアインシュタインが次のように引用しているのを読み、私はこの人物の人生と教えについて調べました。それまでは、まったく存じ上げなかったのです。

「世界は私の前にひれ伏し、私はペーター・ダノフの前にひれ伏す」

この人物の教えについて調べ始めると、そこには、それまで知らなかった人生に対するものの見方がありました。そのひとつが、最高の原理とはダノフが言うところの神聖な愛である、というものです。スピリチュアルな処世訓と法則に従って生きたこの人物の人生と、世界を創造するという彼の生涯の約束について調べるほどに、この偉大な人物（私が四歳の時に亡くなっていたのですが）が、南北戦争が激しく繰り広げられていた一八六四年に生まれたこの人物が、私自身の人生や教義に多大なる影響を及ぼしていたことを知るようになりました。気が付けば、師の教えは私の著述にも、世界中での講演内容にも浸透し、個人的な生活にも浸透していました。

ペーター・ダノフは私に、講演内容を翻訳されたものを通じて、愛には三種類あることを説明してくださいました。

第一は人の愛、すなわち本質が変わることもあれば、形を変えることもある愛です。

「私を喜ばせてくれるあなたは好きだけど、私をがっかりさせるあなたは嫌いです」

「あなたに対する私の愛は、今朝は強く疑いようがありませんが、一日が過ぎていくうち、私の感じ方次第で、私たちを取り巻く状況次第で色褪せるものです」

第二の愛は、ダノフが取り立てて話した愛で、その言葉を借りればスピリチュアルな愛、すなわち、形を変えることはあっても決して本質は変わらない愛です。この種の愛は、特に子や親といった肉親のために注がれることが多い愛です。

「どれほどがっかりさせられても関係ありません。あなたに対する私の愛は、永遠で、しかも変わることはありません」

「あなたに対する私の愛は永遠に続きます。ただ、あなたが今日、どんな振る舞いをしているかによって、また私がどう感じているかによって、高ぶることもあれば冷ややかになることもあるかもしれません」

しかし、ペーター・ダノフの教えの真髄は第三の愛、神聖な愛と呼ばれるものにあります。この愛は、決して本質が変わることもなければ形を変えることもありません。

これは、わたしたちの存在の根源が、私たちのために用意してくれているような愛であって、私自身の内側で、私のあらゆる教義を以てして育むことを約束している類の愛です。

長年にわたり、私はオレンジの例を出してきました。講演を聴きにきてくれた人たちに、オレンジをできるだけ強く搾るとどうなるか想像してもらうのです。答えはもちろん、オレンジから出てくる唯一のものはオレンジ・ジュースです。それが中に入っているものだからです。誰が搾るかも、周囲の状況がどうであるかも、それ以外の何も関係ありません。あなたがオレンジを搾れば、内側のものが出てくるのです。

次に、そのオレンジに自分がなったと考えてもらいます。誰かがあなたを搾ったら、つまり、あなたに圧力をかけてきたら、あるいは、あなたに無礼な振る舞いをしたり、躊躇なく怒りをぶつけてきたりしたら、どんなことになるでしょうか。誰が絞るかも、どんな状況かも関係ありません。あなたの中に何があるか、です。怒り、恨み、恐れ、憎しみ、ストレスなどがあれば、それが出てくることになります。それは、誰が搾るのかは関係ありません。オレンジと全く同じです。

ペーター・ダノフは、神聖な愛の段階にさしかかったら、あなたの内側にはその愛しかなく、それが外に現れてくるでしょう、と言います。これは、偉大なるスピリチュアル・マスターたちが言葉で表しているだけでなく、常に実践している類の愛で、それは決して形を変えることも本質が変わることもありません。それは、私がオレンジの視点に立って、つまり、神の子であるいかなる人に対しても、咎めることも、判断することも、批判することも、譴責《けんせき》することもせずに、日々実践しはじめたことであり、スピリチュアルの指南書、ペーター・ダノフの生涯を記した読み物に書かれていたことです。

ダノフは強い口調で、変容することがどうしようもなく必要な世界のために、新しい人類を創造することの必要性について説きました。以下は、この現象をダノフが説明したものです。

「現在、創造されつつある新しい人類を、私は光の人と呼んでいます。どこへ行こうとも、自らが放つ光でそこにあるものを照らすのです……。新しい人類は、前向きな思考と感情とによってのみ、その存在が維持されます。喜びのなかで生きるのです……。自分とは何かを知っている真実と自由の人です……。その意識は、家族、国、人類の枠をも超越します。新しい人類と新しい世界は、今、誕生しつつあります。未来はその影響を受けています」

私はこの新しい人類として生き、ものを教えようとしている自分自身を素晴らしいと思っています。私がまだ子どもで、アメリカの里親のもとで暮らしていたころ、ペーター・ダノフは、デヴィッド・ロリマーが編集者注で説明しているように、スピリチュアルな直観によってブルガリア系ユダヤ人が国外追放されないように守る、というとても重要な役割を担うことによって、自らの独特なスピリチュアルの理解を実践的な方法で活用していました（P16～17参照）。

ペーター・ダノフの教えは、三つの大原理に基づいています。神聖な智慧、神聖な真実、そして何より神聖な愛です。ダノフの考えでは、真のマスター、神の使者は、特別な使命をもって地球に遣わされています。自身に乱暴なところがないダノフだけが、世界中で真のマスターたりうるのです。強い人でありながら、暴力を呼びかけることは決してありません。

私は本当にご加護を受けていますから、スピリチュアル・ルネッサンス、つまりその時代を迎えつつあり、それを止めることはできない、という壮大な考えを世界に伝えるうえで影響力が大きいこのマスターの人生と教えが、すっかり身についています。私はこれまで、数多くの偉大なるティーチャーたちが、唯一現実であるものは、決して本質が変わらないものであるという考えを説くのを聞いてきました。私たちが収まっているこの身体と物質的な宇宙全体は、永遠不変の状態にあるものの、私たち一人ひとりの内側には無限である何かがあります。ロバート・フロストは、こう表現しています。

「私たちは輪になって踊りながら仮の話をしているが、隠された真実はその中心にあって理解している」

中心にある隠された真実とは、私たちの無限の気づきであり、偉大なるペーター・ダノフが、祖国も世界も壊滅的な打撃を受けた二〇世紀の二つの大戦中、超えられそうにない障害に直面しながらも、自らの人生を捧げ、決して揺らがなかったというところにあります。以下はダノフ本人の言葉によるメッセージです。

「神のみが不変であり、それ以外の世界のあらゆるものは変わります。これが偉大な真実なのです。救済は、人生の主な目的ではありません。人生の主な目的は、完璧であることです」

この本は、智慧、真実、神聖な愛の宝庫です。是非ともお読みいただき、このシンプルながら深遠な原理をじっくりと味わってください。私はこの世界にとてつもなく影響を及ぼしたこの偉大な人物と、これ以上ないほどの深い結びつきを感じています。私は今ここに座り、いつも私たちとともに歩む、真に偉大な屈指のマスターが与えてくださった素晴らしい変容をもたらす作品に、短い序文を書いている間にもマスターの導きを感じ、その存在を身にしみて感じています。これまでの四十年間にわたって、マスターは、私が自らの教義を理解する助けとなり、マスターが生涯を通じて思い描いた新しい人類になるのを助けてくれました。私は心の底から、本書の序文に自分の名前を書くことができること、このマスターの生徒でいられたことを誇りに思います。

愛と感謝を込めて

ウエイン・W・ダイアー

二〇一五年版の編集者注

二十五年ぶりに本書の新版を世に送り出すことができて、本当にうれしく思います。しかも、ウエイン・ダイアー氏にご指導いただき、何より感謝しています。私がウィンチェスター・カレッジでフランス語と哲学を教えていた一九八五年の夏に、初めてペーター・ダノフの著作を読んでから、実に三十年になるでしょうか。その教えのお陰で、私の心は計り知れないほど豊かになりました。読者の皆さんにも、本書から同じ刺激を受けていただけたらと思っています。

第二次世界大戦後の鉄のカーテンによって、ペーター・ダノフ（スピリチュアル・ネーム：ベインサ・ドウノ、「マスター」とも呼ばれる）という人物とその教えは、数十年間にわたって外界から隔絶されました。本書『現代の預言者ペーター・ダノフ　その人生と教え』と『The Circle Of Sacred Dance（聖なるダンスの輪・未邦訳）』の初版が一九九一年に刊行された時に私は、西側諸国の多くのスピリチュアルな人々が、キリスト教信仰の深遠な奇しき意味を記したこの素晴らしい訳書を待ち構えていると予想していました。本書が売れないはずはなく、実質的には完売したのですが、増刷はありませんでした。どうやらバルカン半島の辺鄙な国の、事実上無名のスピリチュアル・ティーチャーの言葉に、留意しようという人は少なかったようです。それでも、一九八九年に共産主義が崩壊してから、ペーター・ダノフはブルガリアで有名な人物となり、真実を求め、ダノフの教えに引き寄せられる人々が世界中にどんどん増えています。今ははるかに条件に恵まれていますが、『現代の預言者ペーター・ダノフ　その人生と教え』が増刷されるとは思ってもいませんでした。ウエイン・ダイアー氏の影響によって、今こうしたことが突然起こることは、信頼と忍耐を持ち続ければ、本当に聖霊は神秘的なかたちで働くことを示す素晴らしい例です。

　本の編集に取り組んだブルガリアの弟子たち（「uchenik」という言葉は学生と弟子の両方の意味がある）は当初、出版には同意していませんでした。私が原稿を持ってイギリスに戻った一九八九年の秋、ブルガリアは依然として共産党支配下にあり、匿名であることが求められていました。その後ほどなくして、ブルガリアの民主化革命が起きましたが、弟子たちに対する信用問題は生じることなく印刷の段階に入りました。作業に対する感謝からだけでなく、それに関わる経験と知識を証明するためにも、今なら彼らの名を書くのは妥当です。

　心理学者でペーター・ダノフの近しい弟子のクルム・ヴァザロフは、書名と本の構成を手掛けました。引用語句は、ほぼすべて彼がメンターとするマリア・ミトフスカ博士とともに選択し、寄稿もしました。何を取り入れるかを決め、ブルガリア語からの翻訳もクルムが英語教師のヴェッセラ・リエヴァとともに担当しました。その後、私が全文に目を通して、マリア・ミトフスカ博士とともに適宜編集したほか、最初の「はじめに」を書きました。一九九一年、クルムは旅立ちました。本を印刷に出す直前のことでした。マリアから悲報の電話をもらったとき、彼にこの本を捧げることに決めました。今では、熱心な弟子たち、クルム・ヴァザロフ、マリア・ミトフスカ博士、そしてヴェッセラ・リエヴァが、危険を冒して西側にこの教えを伝えるという重要な役割を担ってくれたことに感謝しています。

私はその後、何度もブルガリアの山々に戻っています。最近では昨年の夏になりますが、マリアとは今でも懇意にしていて、心得ができた人たちに教えを広める仕事を続けています。本書の再刊によって、ペーター・ダノフが現代の幅広い層に広まる助けとなることを願っています。

私自身、過去三十年間の大半は、科学とスピリチュアルと意識の最前線とが接するところを扱ってきました（www.scimednet.org 参照）。一般的な神経科学は、依然として意識やハートは非局所的で、脳から独立して操作することができるという考えに抵抗を示していますが、このことが起こりうることを示す証拠は十分にあります。たとえば心停止時の臨死体験です。そのような体験によっても内なる世界と次元は物質を超えて広がり、現実と人生の本質を理解するには世界観を広く深くする必要があることを示しています。ますます多くの人々が今、そのような可能性を開いていると思っています。ペーター・ダノフは、そのような相互に浸透する領域に意識的に存在しているため、神秘主義的でもあり自然でもある生き方に私たちを導くことができるのです。

初版の「はじめに」には載っていない重要な話があります。第二次世界大戦中に、国外追放されたり死亡したユダヤ人の数を示す資料を見ると、ブルガリアでは「0」になっているのですが、それには少し理由があります。ブルガリアが支配するトラキアとマケドニアの領地からは、ユダヤ人約一万千五百人がトレブリンカに強制移送されたのですが、ブルガリア系ユダヤ人四万八千人は全員救出されたのです。強制移送が相当な大衆の怒りを買い、教会の支援を受けた激しい社会運動が起きたことから、ブルガリア系ユダヤ人が守られたのです。国王ボリス三世が強制移送に同意したのは、ナチスの圧力を受けたためであり、それを命令する文書に署名したのちに行方をくらましてしまいました。

メソジ・コンスタンチノフはペーター・ダノフの弟子のひとりであり、ブルガリア政府に勤めていました。ポーランド語を話し、ユダヤ人とともにポーランドに行き、移送先の強制収容所で通訳をするように指示を受けました。コンスタンチノフは即座にペーター・ダノフのもとへ行き、事の次第を知らせました。ダノフはコンスタンチノフに、信徒のひとりでありツァーリ（国王）の相談役でもあるリュボミール・ルルシェフを見つけるように、と言いました。ルルシェフが到着した時、ツァーリに「ユダヤ人を一人でもブルガリアから強制収容所に移送したら、その帝国は跡形もなくなるだろう」と警告するように、ダノフが言っていたのです。ルルシェフはツァーリの居所を突き止めようとしましたが、どこにいるかは誰も知りませんでした。このためルルシェフはマスターのところに戻り、そのことを伝えたところ、マスターは退室しました。しばらくして戻ってきたマスターは、「クリチムです」と言いました。そこでルルシェフは、ロドピ山脈のふもとにある人里離れたクリチムという町に行き、そこでツァーリを見つけました。ツァーリは見つけられたことに驚きました。メッセージを受け取ると、ボリス三世はソフィアに戻って命令を破棄したため、強制移送はされなかったのです。

書き添えておくと、国王ボリス三世はヒットラーに呼び出されて説明を求められ、一九四三年八月に死去しました。状況ははっきりしておらず、ドイツから戻って間もなくのことでした。ただしボリス三世の妻と子どもたちは、一九四四年九月のソ連によるブルガリア侵攻後の処刑は免れ、一九四六年、戦後処理によりブルガリアの君主制が廃止されたあとは、亡命生活を送りました。前のツァーリであるシメオン二世（現シメオン・サクスコブルク、未成年の一九四三年から一九四六年に在位）は、二〇〇一年から二〇〇五年にブルガリアの首相を務めました。歴史上、民主的選挙により政府の長となった二人しかいない君主の一人です。

私たちは依然として、不確かで暴力的な世界に住んでいますが、ペーター・ダノフが心に描く愛、智慧、真実、正義、そして美徳の文化の方へ向かうことが重要です。私たち一人ひとりが、それぞれに貢献することができますが、この理想に対してそれは小さなものであるため、本書を読んで刺激を受け、ご自身の道を進む励みにしていただけるよう願っています。

二〇一五年五月、フランス、モンベルにて デヴィッド・ロリマー

はじめに

ブルガリアの背景

私がブルガリア語を勉強していると知ると、みなたいてい驚き、コッツウォルズの自宅から約三キロメートルのところにブルガリア語の先生がいると伝えると、その驚きは驚嘆に変わるのです。なぜブルガリア語なのか。ほとんどの人にとってブルガリアというと、カベルネ・ソーヴィニヨンが手頃な値段だとか、ローズエッセンスが香水の原料として使われているだとかということになります。多くの人はバルカン山脈と黒海は聞いたことがあるでしょうが、この地域の地理の知識はそれが全部ではないかと思います。さらに、本書に精選した教えを説いた主であり、私がブルガリア語の学習途上にある理由になっているスピリチュアル・マスターのベインサ・ドウノ（ペーター・ダノフ）に至っては、聞いたことがないと言うに違いありません。

私がベインサ・ドウノと光の同胞団を知ったのは一九八五年のことです。イースターの休暇を過ごすためにクレタ島に向かう途中、私は初めてオムラーム・ミカエル・アイバイノフ（一九〇〇～一九八六、哲学者、スピリチュアル・マスター）の本を何冊か読みました。アイバイノフが弟子としてベインサ・ドウノと二十年間を過ごしたのち、一九三七年にフランスを訪れ、一九八六年に亡くなるまで、その地で教えを説いたことを知りました。さらに、ロンドンとパリには、ブルガリアで出された原著についてもっとよく知る人が若干数ながらいて、その一人が、一九八九年夏まで三十二年間にわたって四半期レビュー『Le Grain de Ble』を編集したアンナ・ベルトリだったのです。というのも、パリにいた彼女と数名のブルガリア人が、ベインサ・ドウノと個人的な知り合いだったため、直接繋がっていたのです。また、ゲラルド・ニゼットが自身の出版社「Le Courrier du Livre」で、一九五〇年代初頭からドウノの教えを記した本を編集していたことがわかりました。幸いにも、私はフランス語教師として生計を立てていたので、フランス語で難なく数百ページを読むことができました。英語で出版されたものは実質的にほとんどなく、あっても絶版になって久しいものでした。そのため本書は、ベインサ・ドウノについて二十年以上ぶりに英語で書かれた本になります。

一九八九年八月、私はついにブルガリアに行きました。ソフィアに着いたのは夜遅かったのですが、数人の友人が温かく迎えてくれ、車に荷物を積み込んでくれました。ホテルがなかなか見つからず、友人の愛車トラバントのくすぶったエンジンがもたないのではないかと思いました。ところが、滞在期間の終盤には、格式ある西洋の車種でもなかなか歯が立たなさそうな山道や坂道を難なく乗り越えてくれ、その車の株は大いに上がりました。

翌日、スキーのリフトで標高約二三〇〇メートルまで上がり、ムサラ山（ブルガリア南西部のリラ山脈の最高峰）の山小屋に行きました。初日の夜は天気がよくなる見込みがなく、霧が発生して低い雲が完全に視界を遮り、一八〇〇メートルほど下にある湖がかろうじて見える程度でした。しかし、翌朝までに雲はなくなり、私たちは約三〇〇〇メートル上の尾根に登り、バルカン半島に向かってご来光を拝むことができました。キャンプをされる読者の方々なら、アウトドアライフの楽しみも不便さも、山の厳しい条件によって弥増すことはよくご存知でしょう。朝はひどく寒いのに、日中は日光が焼けつくように暑く、雨になると容赦なく降ることが多々あります。変わりやすい天気は、私たちが日々生きるなかで外の状況が変わりやすいことを象徴しています。

ご来光は、一日で最も神秘的な瞬間です。私たちは、遠くの方に、山々のぼんやりとした影から赤い光の球体が霧のなかからにじり出て、きらきらと輝きながらゆっくりと昇っていくのを静かに見守っていました。私たちはマスター、ベインサ・ドウノの歌を何曲か歌い、お祈りの言葉や式文を唱えました。自然は私たちの神殿で、高い峰々の荘厳な背景は屋外の大聖堂でした。朝食前には、マスターが考案された六つの基礎体操と二十二の体操をして、ヴァイオリン奏者の凍えた指がほぐれるのを待ち、マスターが考案されたパネウリスミーという踊りを踊りました。

パネウリスミーに最もよい場所のひとつが、マリツァ湖群が見渡せる草地です。空気は澄みわたり、色彩が際立ち、気高い美しさがあります。ある日、私たちは小旅行でマリツァ湖群に行き、みなでお弁当を食べたあと、午後にはムサラ山に向かって登りました。湖の上方にはマリツァ川の源流があり、ギザギザの尾根の天然の円形劇場に囲まれていて、まるでオルフェウス（オルペルスとも表記。ギリシャ神話に登場する吟遊詩人）が訪れた場所のひとつだと思いました。ムサラ山に登るころまでに、山脈の最も高いところは曇り、気温が下がったため、お茶を飲んで温まりました。夜の九時頃にはベースキャンプに戻りました。

ムサラ山で一週間過ごし、次のキャンプ地に移動する日になりました。道具一式を降ろすために馬を呼びにやりました。翌年のために、「キッチン」を分解してポットを岩場に隠しました。有名な温泉のひとつを経由して旅をし、夜早い時間にシキリッツァ・プレイスに到着しました。このキャンプ地は松の木が立ち並ぶなかにあり、こちらの方がはるかに大きく、標高も低いので、厳しさはそれほどでもありません。キャンプ地には多くの音楽家がいて、夜には快くキャンプファイヤーを囲んでコンサートをしてくれます。雨の日もあれば、月明かりでのコンサートもありました。人の手が入っていない広い土地には野の花々があふれていました。さらに、リラの七つの湖も魅力的でしたが、天気があまりも不安定で、三日間の行は無理でした。

七つの湖への旅の朝は、魔法がかかった楽園のようでした。私たちはキャンプ地に向けてゆっくり進み、第二の湖のそばで朝食をとり、祈りの山を訪れました。そこはご来光が拝める場所であり、夏のキャンプ時はマスターのベインサ・ドウノが朝五時の講話をした場所でもあります。第二の湖は神聖な場所で、式文が刻まれている石が守っています。瞑想の湖でもあるその湖は、まるで深い青の真珠のようです。私たちは時々止まって休憩し、瞑想して祈り、ついに一九二九年に最初のキャンプが行われた第二の湖にたどりつきました。一九三九年にはキャンプの参加者は五百人を超えていました。

山からソフィアに戻ることは、特に互いの顔が見えないアパートばかりが立ち並んでいるのを目の当たりにするため、かなりぞっとします。友人たちと話をして、ブルガリアの体制が変わる望みがないとわかったのですが、四カ月後、コーンウォールでの会議を終えて車で帰宅している途中に、ブルガリア政府が転覆したことをニュースで知りました。本当に信じられないことでした。

一九九〇年の雰囲気は、当然ながらはるかにオープンな感じでした。一九四四年に第一回の公開会議が開かれてから、ベインサ・ドウノとその教えに関する特長が大衆紙の全面に載るようになっていました。それでも、政治的に自由でも経済効率の保証はなく、店の棚に商品はなく、石油は不足していました。ブルガリアが一定して真に安定する以前に、するべき下準備はかなり多いのですが、人々は常に希望をもって、機嫌よく日々を過ごしています。ある高齢のシスターが一九八九年に、ベインサ・ドウノは、一九四四年に自らが死去してから四十五年間は、自身の著作は極端に難しい状況下にあるだろうと予言したと話してくれました。しかし、水源は再び流れはじめ、休眠中の小麦の粒は芽吹くことができるようになるのです。

ブルガリアの霊的発展

ベインサ・ドウノがブルガリアに現れたことは、この国のスピリチュアル史上三番目に大きな衝撃を与えました。その前の二つは、オルフェウスとボゴミル派を通じてもたらされました。三者とも、神に仕える存在たちで構成される、神の世界の偉大なコミュニティである白色同胞団の歴史的実体化です。それは、神聖な愛、神聖な叡智、そして神聖な真実の同胞団であり、あらゆる新たなスピリチュアル的衝撃を地球に与える役割を担っています。ベインサ・ドウノによれば、白色同胞団の学校《スクール》は、愛、叡智、そして真実の光の道であり、基本的な目的を愛とし、叡智と真実がそれを支える役割を担っています。この偉大なコミュニティは、神と神の化身であるキリストと直接繋がっています。

ベインサ・ドウノは、ボゴミル派、そしてボゴミル派とほかのスピリチュアルな動きと関係する数々の質問に答える講義の中で、ボゴミル派には三つの学派があると説明しています。

ヘルメス学派：一つめは、ペルシャを経由してトラキアへ移り、その後オルフェウスとともに再び現れたエジプトのヘルメス学派で、リラ山に隣接するロドピ山脈に住んでいたと考えられています。オルフェウスは、ピタゴラス学派とプラトン学派に至る源でした。いずれの学派も魂の転生と浄化の原則を教えていました。その衝撃は、イタリア・ルネサンス期にピコ・デラ・ミランドラ（哲学者、人文学者）とともに再び現れ、十七世紀にケンブリッジで全盛を迎えました。セント・ポール大聖堂のディーン・イングがおそらく、私たちの時代の最後の偉大なキリスト教的新プラトン主義者でしょう。イングは、プロティノス（ネオ・プラトニズムの創始者、哲学者）の哲学についてすばらしいギフォード講義（最広義の意味における自然神学研究、神についての知識を促進・普及することを目的に、アダム・ロード・ギフォードの意志によって創設された学術講義シリーズ。スコットランドの学術界における最高の栄誉のひとつ。年に一度開催）をした人物です。

エッセネ派：二つめは、エッセネ派の庇護の下、パレスチナで活動していました。一九四〇年代半ばにナグ・ハマディ写本が発見されて以来、エッセネ派ははるかによく知られるようになり、研究によって、これまで知られていなかったその教義の側面が明らかになりました。ほかにも、国際生体学会の創始者で、エッセネ派のことを初期のエコな団体であると考えていたエドモンド・ボルドー・セイケイ博士の一連の書籍によって知られるようになりました。その著作は啓示を受けて書かれている箇所が多いのですが、誰もその出典を照合して調べられないことがわかります。しかし現代の文筆家であれば、エッセネ派は健康的な生活と、体系的でスピリチュアルな習慣や純粋さを重視することを統合した人々だけのコミュニティ像を裏付けることができます。

ボゴミル派：最後は、十世紀にブルガリアで発生したボゴミル派と呼ばれるものです。文字通りの意味は「神の寵愛を受けたもの」です。その見解や生活様式、そして影響力について詳しく説明する前に、ボゴミル派発生までの経緯をたどってみます。

特に重要な人物は紀元八五二年に王位についたボリス一世です。彼は自国のさまざまな構成分子を統合するため、キリスト教を受け入れるのが賢明であると考えましたが、それは、東方教会でしょうか、西方教会でしょうか。ボリス一世は、まず八六二年に、ルートヴィヒ二世と同盟を結びましたが、ブルガリアがビザンツ帝国の皇帝ミカエルの侵略を受けて降伏を余儀なくされるまでの二年しか続きませんでした。ボリス一世はその後、その民の名で洗礼を受け、スラブ系キリスト教の発展の礎となりました。異教徒の民衆は教会が自分たちの伝統と信条を破壊しようとすることに憤慨しましたが、結果的には、正道をそれるパウロ派と呼ばれる異端派の教えを受け入れました。

その後、八六六年にボリス一世は西方に傾き、ローマに使者を遣わして「生粋のキリスト教の教義」の指導を請いました。ビザンツ帝国が許す用意ができていたというよりも、ボリス一世の本心としては、自らが教会の自治権を確保するという目的が大きかったようです。ところが八六九年には、議会がブルガリアは東方教会の所属とし、西方教会の宣教師らを詐欺師扱いで除名することを決定し、再び元に戻りました。こうした教義上の闘争は、西方、東方両方の足元を揺るがし、宗教的不安定という傾向を生むことになり、異端が増える温床となりました。異端の増加は、権力に対する抵抗の中心的要素となる、経済の混乱と社会の不均衡の広まりによって助長されました。

そして、先駆的人物であるリラのイオアン（正教会の聖人）は、神聖さの追求を具現化しました。それは、世界で救済の妨げとなっているものとして公然と非難されているものと同類であり、物事を一律に邪悪なものとし、足かせを懸命に解こうとしたパウロ派などの異端者らと強力に共鳴する感情です。しかし、リラ修道院の理想は急落し、それがあまりにも過ぎたため、聖職者のコスマスは九七二年が過ぎてすぐに、ボゴミル派の異端と同じように、修道院制度の乱用の広まりに対して攻撃することを支持しました。

教会の歴史にありがちですが、私たちは学派や教義の根拠は、その学派や教義が反対する主な学派のひとつにあると考えています。コスマスが自らの論文の冒頭で次のように書いています。

> 実際に起きたこととして、ブルガリアの地で、正教会のピョートル大帝の治世時に、ボゴミルという名の聖職者が現れたが、実際には「神の愛を受けた者ではなかった」。彼はブルガリアで異端の主張を唱え始めた初めての人物であり、その突飛な考えゆえ、われわれは次のように言う[1]。

ボゴミル派の道徳的清廉性の追求は、明らかにそれを憎むべき偽善と考えている正教会の対立者らにとっては当惑するものであり、聖職の評判が概してふしだらとされていればなおさらです。

そこでコスマスは次のように書いています。

異端者らの見た目は子羊のように穏やかで、控えめで物静かで、偽善の断食により血色が悪い。彼らは無駄に話さず、大きな声で笑うこともなく、好奇心のかけらも見せない……表向きは高潔なキリスト教徒と区別されないためなら何でもするが、腹の中は飢えに狂うオオカミである……

コスマスは、人々はボゴミル派の謙虚さに心を打たれ、どうやってその魂を救っているのかをたずねているとまで言っています。このことが異端者らに「その教えの種をまき、聖教の伝統と宗規を冒瀆《ぼうとく》する」機会を与えているのです。コスマスはほかにも、ボゴミル派の頑固さについても、「異端者らよりも、けだものを納得させる方が簡単でしょう。それはまるで、豚が真珠に目もくれずに汚物を集めるようであり、異端者らもまた、自らの汚物を飲み込むのだ」とコメントしています。ボゴミル派独特の図形言語がまさにそうです。

オボレンスキー（イワン・ミハイロヴィッチ・オボレンスキー公爵、帝政ロシアの軍人、政治家）は、正教の排斥は主として、異端の道徳的ならびに社会的な側面と関わっているのであって、教義の問題ではないことが当然ながら重要である、としています。それでも教義は重要で、ボゴミル派の教義は元をたどると、初期のグノーシス主義に行きつくほかの二元的異端者らと多くの特徴が共通しています。パウロ派は同一の状態の善悪の原則とともに、徹底した形而上学的二元を受け入れましたが、ボゴミル派は中庸をとり、堕天使である悪魔を作り出し、最終的には神に依存しました。それでも彼らは、世界は悪魔によって創造されたと主張し、物事を定義により邪悪なものとしています。

この見解には遠大な結果の数々があり、実際にそうであったように、キリスト教の拠り所であるこの世の創造主である神から切り離され、奇跡の数々は寓話的に解釈されました。それは、キリストが悪魔によって生み出された物事に触れることができなかったためであり、物事が恩寵の伝達手段にはなりえないため、聖餐は拒否されたほか、聖像と祭日も拒否され、十字架はキリスト殺害の道具として忌み嫌われ、聖母マリアは敬意を表さず、正教会は偽物だと考えられ、その聖餐式と祭服は非難の対象となりました。主の祈りだけが許されて、一日八回繰り返されました。興味深いのは、ボゴミル派のものは、「日々のパン」が「超物質的なパン」に翻訳されていることと、ギリシャ語から妥当な翻訳をされていることと、祈願と物質的な要求とを結びつけていないことです。

ボゴミル派の道徳的な教えは、世界の拒絶と法規に基づいており、神との合一と、物との接触の拒否とを目的にしていました。結婚は、さらに多くの魂が物質界に拘束されたことにより起こりうる結果を考えると、勧められるものではなく、それは肉とワインを消費することと同じように考えられていました。また、市民の不服従が助長され、これが聖職者と世俗の権威者の両方の肉体をさらに苦しめ、ボゴミル派のリーダーたちがモラルに関して大きな評判を得るようになって、聖職者と権威者のボゴミル派に対する不快感が増しました。オボレンスキーはこのことを次のようにまとめています。

十分に支持も指示もせずに、教会員を放置しがちな聖職者の知性と道徳の堕落とは対照的に、ボゴミル派は、神聖な容姿、福音の奥深い知識、厳格な禁欲生活、熱心な改宗者、さらには迫害に対する勇気により、多くのブルガリア人にとって、本当にキリスト教を信仰している者に見えたに違いありません。[3]

百年以上たってからアンナ・コムネナ（東ローマ帝国の歴史家）も、ボゴミル派が「偽善で形式主義的な謙遜」であると告発し、彼らはとても器用に高潔ぶり、その邪悪さをマントやフードの中に隠し、手に負えないオオカミたちであると言っています。同時に、修道士のユーチミオス・ジガベヌスは、ボゴミル派の教義と通過儀礼について、カタリ派にもみられ、実質的に不変であることがわかると説明しています。通過儀礼には二段階あって、ひとつは「聖霊を通じたキリストの洗礼」であり、水を使うものよりも洗礼の程度は内的なものであると考えられています。もうひとつは、最終的にカタリ派のコンソラメントゥム（救慰礼・慰めの式という儀式）になりました。

ジガベヌスは次のように書いています。

このため彼らは、自分たちのもとに来た者に対して再洗礼を施します。まず、その〝洗礼志願者〟に対して告白、浄化、集中祈禱の時間を決めます。その後、ヨハネによる福音書を頭に置き、聖霊を呼び覚まして「主の祈り」を歌います。この洗礼式のあと、再びさらに厳しい訓練を受けさせ、さらに厳しい禁欲生活を送らせ、さらに純粋な祈禱を受けさせます。さらに、以上の事柄を観察して熱心に実施しているかどうかに関する証拠を求めます。男性も女性も自らに利する証言をすると、その者を有名な聖別（人あるいは物が日常的な使用から区別されて永久に神に仕えるために奉献されること）に導きます。彼らは哀れな顔を東洋風にして、その者の……頭に再び福音書を置きます。集まった男女は悪臭のするその手をその者に当て、彼らの神聖でない儀式の歌を歌います。これは、伝えられた不敬虔を保っていることに対する感謝の讃美歌です。[4]

無礼な悪口をやりすごしている人は、儀式のイメージをしっかりと描くことができ、その儀式に先立って厳格な道徳律を体得することができます。最初の段階のあとは「信者」のランクとなり、その次は「選ばれし者」または「優秀者」となります。それぞれのランクの区別には長い歴史があり、人々を「肉の人」「魂の人」「霊の人」の三つに分類した初期のグノーシス派の異端者らにまでさかのぼります。「肉の人」は物質主義者であって懐疑論者でもあり、スピリチュアルな物事には一切関心を示さない人、「魂の人」は神の思し召しを聴き、何らかの形でスピリチュアルなことを実践し始めた人で、その魂〝psyche〟は目覚めています。これに対して「霊の人〝pneumatikoi〟」は、形の有無を問わず神聖な本質である魂の目覚めを伴う統一的洞察力を得た人です。

初代教会ではアレクサンドリアのクレメンスが、信仰（ピスティス）と内なる知識（グノーシス）との関係を最も明白に解説しています。

> 信仰は不可欠な要素を簡潔にした知識ですが、グノーシスは信仰を通じて受け取った物を確実かつ堅固に実証することであり、……私たちにゆるぎない信念と確信をもたらします……。無宗教から信仰へ、さらに信仰からグノーシスへの変化を守るものとしては、初めての種類のものがあると思われます。その後者は、愛のなかに移行すると、知る側と知られる側との相互の親睦関係をすぐに築きはじめます。[5]

この内なるスピリチュアルな知識、すなわちグノーシスが、教会の信仰の対外的な受け入れを超えた段階であることは明らかであり、キリスト教信仰の難解な部分を示していますが、これは通常は異端派に任せてきたものです。神秘主義者らとエックハルトのようなキリスト教グノーシス派は大いに疑われ、キリスト教信仰は、スピリチュアルな理解のひとつというよりは、（服従を意味する）献身の宗教として、一層強力に発展してきました。エックハルトのような神秘主義への関心の高まりは、人々のグノーシス的な洞察への渇望を表しています。偉大な哲学者フリッチョフ・シュオンはグノーシスについて、「通俗的な『真の宗教』と『偽宗教』との区別は、グノーシス派にとって、グノーシスと信念との区別、あるいは本質と形との区別に取って代わられる」[6]と書いています。

ボゴミル派の時代の正教会は、間違いなくグノーシスと信念との区別を問題にしていましたが、ボゴミル派の理解は本質と形との区別に近かったようです。永遠の哲学の流行は、現代の形を超えた本質、信念を超えたグノーシス、定説を超えた原理の追究のひとつの徴候です。それは、私を最初にベインサ・ドウノに導いた方向へ、私自身が探求したものでした。

ブルガリアのボゴミル派とフランスのカタリ派との密接な結びつきは、教義、儀式、習慣の点で、十分に確立されています。[7]スティーヴン・ランシマン（二十世紀イギリスの歴史家）は、カタリ派の礼拝が十五世紀まで初代教会の礼拝ときわめてよく似ていた事実を特に取り上げています。祭礼は宗派のものをモデルにしていて、いずれの儀式も平和のキスをもって終了となりました。救慰礼は初代教会の成人洗礼と類似していて、初代教会は厳しい試用期間があることを主張し、「最終的に、実際の叙階式は同一であり、手と福音書を洗礼志願者の頭に置きます」。複雑な政治的、社会的な理由について、そうした厳しい要件は四世紀中に見直されましたが、異端派たちは、真の洗礼に不可欠な前提条件として、道徳とスピリチュアルな浄化を強く求め続けました。その意味で、ボゴミル派とカタリ派は初代教会の難解な規律の後継者であり、信奉者らに対して多大なスピリチュアル的要求をし、教会そのもののなかでの改革へと拍車をかけました。
この歴史的な部分の締めくくりに、ボゴミル派の祈禱文をご紹介しましょう。

神よ、我を清め給へ
我の内面と外面を祓い給へ、身体を祓い給へ、魂を祓い給へ
光の種が我の内側に芽吹くよう
そして、我を輝くたいまつに変え給へ。
我の内と周りのあらゆるものを
光へと
変容させるほどの
自ら発する炎でありたいのです。

ペーター・ダノフ

ペーター・ダノフ（ベインサ・ドウノ）は、宗教の歴史を研究するなかで地球に現れたマスターと呼ばれる人物のうち、教会に受け入れられた者はおらず、「どの国も例外なく、彼らを嘘つきな裏切り者として扱ってきた」ことを確認しています。ドウノ自身もブルガリアの聖職者から迫害を受け、ソクラテスのごとく人々を堕落させたと告訴されました。「聖職者らは人々を扇動して私を捕らえ、私が神の名を冒瀆している、正教の権威を傷つけていると言うのです。私からの質問はこうです。あなたの神はどこにいるのですか。イエス・キリストはどこにいるのですか。神の子キリストは愛の子です。あなたの愛はどこにあるのですか。私には、愛の形跡がどこにも見えません」。

一九二二年十二月、教会の長老らが集まって、ベインサ・ドウノに対して行動を起こしました。ドウノは、長老らが自分と戦うことを望んでいるのであれば、神と戦わなければならないことになるとコメントしました。

私は何者でしょう。全ブルガリア人を欺くために地球にやってきた者ということでしょう。どんな力で私が人心を操るというのでしょうか。私にはお金がありますか。私に政治的影響力はありますか。彼らは何を恐れているのでしょうか。彼らが私を恐れているという事実は、私の背後に彼らが恐れる何らかの力があるに違いないことを示しています。それは何でしょうか。私を支えているのは偉大なる神聖な愛であり、偉大なる神聖な叡智であり、偉大なる神聖な真実であり、偉大なる神聖な高潔さと美徳です。あらゆる生ける美徳が私を支えています。あらゆる賢明で知的な存在が私を支えています。それがどれだけ偉大であるのか、あなた方はおわかりでしょうか。

人々は、教会に参加しないという理由でダノフを告発し、ダノフはこう答えています。「私にとっての最大の不幸は、私がいつも教会にいることです。教会は生きている人々であり、そのハートです」。聖職者らは、なぜ人々がダノフのもとに行くのかがわからないのでした。

なぜ彼らは来てはならないのでしょうか。社会は堕落してしまっていて、その原因は私にあると言います。私は邪魔をすることは望んではいませんが、あなた方自身が改革に取り掛かり、愛の種をまかなければなりません。教会を人々でいっぱいにするのです。教会に愛が満ちていれば、私は幸せです。愛が人々のハートに満ちていれば、私はますますうれしくなります。

さらに、次のように追記しています。

私は現世の人々を擁護しているのではなく、教会にいても社会にいても、どこにいても愛で神に仕える賢明な人々を擁護しているのです。彼らにハートを開かせ、こう言わせるのです。主なる神よ、私たちは汝に愛をもって仕えます。何をするにも私たちと一緒でありなさい。これは、二千年前のキリストの教えであって、今日もキリストの教えです……キリストの教えは、この世のあらゆる人々の間で、人生にあてはめられなければならず、父と母、息子と娘、従者と主人との関係では少なくともある程度はあてはめられなければなりません。聖職者や伝道者はみな集まって神に祈り、キリストの教えを活かせるよう助けを乞うのです。これが実現したとき、この世界に平和が訪れるでしょう。

一九二二年、白色同胞団の八月の年次大会がテルノヴォで開催されました。弟子の一人が町に到着し、壁のポスターにベインサ・ドウノと討論するため大主教が招待した、と書かれていることに気づきました。この弟子は、神の使者であることを主張する部外者を教会が快くは受け入れていないことを知り、やや心配になりました。翌日は正教会のキリストの変容の祝日であり、とてもよい天気で、多くの人がホールの外に集まりました。

中に入ると、マスターは従者に対して、自らと議論するつもりでやってきた多数の主教や司祭らに席を譲るように言いました。マスターが話し始めました。「この世で最も重要なのは生命です。私が説いていることは理論と考察で成り立っているのではありません。それは重大な科学的実験に基づくものです」。それはとても印象的で、講話が始まると、正教会の聴衆の多くが徐々にうとうとしていきました。ベインサ・ドウノは最後に、次のように話しました。

私が神聖な教えを伝える導線であり、あなたがその導線を切断したとして、あなたは何か得するでしょうか。きっと、キリストの教えを拒否した二千年前のユダヤ人のように理想を失うでしょう。結局は、この真実を受け入れない人はおらず、それを実践するでしょう。あなた方ブルガリア人がこの教えを早く受け入れるほど、あなた方にとっては有利になるのです。

正教会の聴衆はこの時点で目を覚ましましたが、特に批判はせず、弟子たちは驚きました。その後、一人が立ち上がって、人々に向かって同じホールに二時に戻ってきて、ベインサ・ドウノの講話に対する大主教の回答と批判を聴くようにと伝えました。マスターはさらにこう言いました。

「いいえ。この会議は開催されることはありません。誰も二時にここに来ることはできず、すでにここにいる人たちは外に出ることはできません」。弟子たちはホールから出て眩しい日差しを受け、正午ごろにキャンプ地に戻って、どんなことが生じて会議が妨げられるのだろうと考えました。

一時頃、皆でテントの周りに溝を掘るようにとの指示が届きました。空は穏やかに晴れて、雨が降る気配がないのに、です。すると突然、四方八方から大きな雲が表れて激しい風が吹き、木々が撓んで空中を葉がうずまきました。大粒の雨が降りはじめたかと思うとあられが降ってきて土砂降りになりました。それが二時のことで、雨は四時まで続きました。当然のことながら、誰もあえて外に出ようなどとはできなかったのです。弟子たちは、自然のなかで神聖な儀式が行われているのを目撃しているようだと話していました。

雨が止むと、町に残っていた弟子たちが戻って来て、ベインサ・ドウノを中傷した者はみな、言葉もないほど驚いていたと報告しました。マスターは、この事象は道徳的事象で、神がしようと決めたことを妨げたり破壊したりするような立場にいる人はいないと説明しました。そして、ドウノの最も感動的な歌のひとつ「フィーーファーーフェン」（恐れも暗闇もなく）を歌いました。マスターは「ある一定の動きをしながら、その歌を歌い、光の力で満たしました。それが私たちの魂を覆いつくし、私たちを見守り、先へと導く光の強大な世界のなかにいる私たちに、信念、勇気、そして信頼を呼び覚ましました」。翌朝、マスターの話を聴こうと大勢の人たちが町からやって来て、この時点で大主教はもうそれ以上、ドウノたちの組織の活動を追求しようとはしませんでした。

マスター、ベインサ・ドウノの生涯

ペーター・コンスタンチノフ・ダノフは一八六四年七月十二日、司祭であるコンスタンチン・ダノフスキの三人の子どものうち末っ子として生まれました。ダノフはのちにスピリチュアル・ネームをベインサ・ドウノとして、ブルガリアの信奉者の間ではこの名で呼ばれていました。ダノフ曰く「私が仮の名を使うのは、私が誰であるかが誰にもわからないようにするためです。推測しかできなくなります。そのように推測したことは真実とは限りません」。コンスタンチン・ダノフスキは、約五百年にわたるトルコ支配からブルガリアの解放を求める運動の卓越した活動家でした。ダノフスキはブルガリアで儀式を執り行い、教えを説き、国民に自尊心を芽生えさせました。

　コンスタンチン・ダノフスキは、若い頃、修道士になろうとして少数の仲間たちとアトス山へ旅に出ました。ところが、その帰途で船が難破してしまったのです。ダノフスキらはツァヤスで上陸し、一八五四年のイースター直前にサロニキに着きました。四人の若者は聖金曜日の午後に聖ドミトリー教会に入り、難破から助かったことに対する感謝を捧げるためにろうそくに火を灯しました。出口のところで彼らは老いた司祭に会い、司祭はコンスタンチンに対して、内談があるから明日戻ってくるようにと伝えました。コンスタンチンは土曜に戻ってきてこの司祭と会い、修道士になる意思を伝えました。

若い頃のペーター・ダノフ

　司祭はこの若者の考えを注意深く聞いたあと、救済されるかどうかは住んでいる場所ではなく、キリストに対する信仰によって決まると言いました。コンスタンチンは、この老人の頭の上の後光に衝撃を受け、一瞬、この出会いが夢かうつつかと驚嘆しました。

司祭は「あなたの道は違います」と言いました。数分してコンスタンチンは、神の意思には修道士であること以外にも計画があるのだと気づきました。司祭は最後に、コンスタンチンに聖文書を託し、トルコ支配の終焉と、ブルガリア教会の回復を予言しました。

この出会いにコンスタンチンは深い感銘を受け、進む道を変えてブルガリアの解放に尽力することを誓いました。それが二十四年後に起きたのです。この話のあとがきとして、あるとき、ベインサ・ドウノは父親に「私があなたに渡したその本はその当時の教会の」どの辺りにありましたかとたずねました……が、この逸話の出所は確かなものがありません。

若年期

ベインサ・ドウノの若い頃や、どのような教育を受けたかについては、詳しいことがほとんどわかっていません。しかし、ある出来事から、すでに神秘的な理解力が発達していたことがわかります。ある日ドウノは、好きでもない相手と結婚することになりそうだと憂う姉と話をしていました。突然、トウモロコシの穂軸が天井の梁から床めがけて音を立てて倒れてきて、トウモロコシの粒が辺り一面に散らばりました。若いダノフは姉の方を向いて、心配する必要はないと言いました。その男と結婚することはなく、「あらゆるものが、トウモロコシが床に散らばるようにちりぢりになるでしょう」と。その後、実際にそうなりました。

ベインサ・ドウノは、ヴァルナで、その後スヴィシュトフで中等教育を受けました。ヴァイオリンを習ったことが、のちに音楽にのせて教えを説くという大きな素地になっています。ハタンツァという村でしばらく教えたのち、一八八八年にアメリカに発ちました。ドウノはメソジスト神学校で学問を追究し、ニューイングランド地方のマディソンにある医学部に入学しました。結局アメリカには七年いて、一八九五年に帰郷しました。

当時から残っている回顧録はごくわずかです。一九二〇年、ベインサ・ドウノの弟子のひとりが営んでいる書店に、高齢の弁護士がたまたま来店しました。この弟子は、自分が望んだこととはいえ、若いダノフの才能によって自分が大金持ちになってしまったのではと後悔しました。彼はさらに学生のときの小旅行で、ベインサ・ドウノがその一行に、めったに聞けないようなすばらしい話をしたと言いました。それは、星空には調和と叡智があり、それは周囲の小川や花々にもあるという内容でした。彼はときに、祈ったり瞑想したりする目的で、そのグループから離れることがあったそうです。完全に集中してしまい、誰かが肩をたたくと驚いてビクッとなるほどで、その顔はまるで、完全に夢に入り込んでいた人が目覚めたかのようだったそうです。

もうひとつ、当時アメリカで研究活動もしていた作家グラブラシェフが、ある出来事について書いていています。グラブラシェフは、ベインサ・ドウノから小旅行に同行するように頼まれました。二人は深い森のなかへと歩き、ついに広い草地に出ました。そこには湖があり、そのほとりに家が一軒建っていました。向こう岸へは船に乗せてもらい、着いた先では口数の少ない人々が出迎えてくれ、ベインサ・ドウノに深い尊敬の念を抱いてもてなしてくれました。二人は食事に誘われ、大きな広間に案内されました。広間には長いテーブルと椅子が十三脚置いてありました。十一人がマスターを囲んでテーブルに着き、椅子がひとつ余りました。グラブラシェフは、会合の間は何も質問しないようにと注意され、議事録のようなものもありません。会合を終えて、二人は家に戻りました。数日後、グラブラシェフはあの場所にもう一度行けるかどうか知りたくなり、森を抜けるルートに出発しました。しかしどうしても、草地も湖も場所を特定することはできませんでした。謎は解明されないままです。

一八九五年、ブルガリアに戻ったベインサ・ドウノは、博士論文「科学と教育」を発表し、骨相学という体系的な学問に着手しました。骨相学とは、頭と顔の特徴と、その意味に関する当時の新しい学問で、このテーマについてドウノは、世紀の変わり目に五つの論文を発表しました。一方で彼は、生活の大半を祈りと瞑想に費やす隠遁生活を送っていました。この頃についてドウノは次のように話しています。

私はここで主に仕えています。温厚さと優しさを支えとし、冷静さを失わないことを常としています。常に寛大なハートを持ち、それを公平無私で謙虚な気持ちで強めています。誠意によって救われることを求めています。礼儀正しさ、思いやり、そして慈悲を念頭に置いています。骨の折れる仕事をやり終えたときには、主なる神によりすぐりの捧げ物をして、御慈悲の手を差し伸べてくださったおかげで仕事を全うすることができたことに感謝し、主の御名を誇ります。神の住まいのなかに安全な場所を与えてくださったことに感謝します。

また別の手紙では、どのように自らの使命を追求したかについて言及しています。

私たちを神聖な原因に誠実であらしめ、お導きくださいますように。私の祈りと熱心な願望は、聖霊に力づけられ霊感を受けるためにあり、聖霊からはいかなる状況にあっても、どう行動すればよいかを教えられます。人智ではなく神に従って、地上の法則ではなく天の規範に従って。

通過儀礼《イニシエーション》

この内面を整える儀式は、マスターが崇高な高次の世界とのつながり、さらには神聖な魂とのつながりを取り戻すためにはなくてはならないものでした。一八九七年三月、ドウノは初めて通過儀礼《イニシエーション》を経験し、そのなかで今後の勤めについて指示を受けました。ドウノは全人類のマスターになると決め、新しい愛の文化の種を蒔いたようです。肉体を持つ魂は、魂の本源と繋がっていることをはっきり理解しています。マスターはその日を「主の約束が成就した日」と言いました。

この通過儀礼《イニシエーション》からほどなくして、ベインサ・ドウノは『The Testament of the Colour Rays（色の光線の聖書・未邦訳）』の執筆にとりかかりました。この本が出版されたのは一九一二年のことです。ドウノは聖書を何度も読み、重要な節の深い意味について熟考し、それを美徳の発達に対応するよう並べ、それと色とを結びつけました。引用を色分けし、たとえば、愛、生命、約束、叡智、真実、力、恩恵の精神に分類しました。キリストの魂は白とダイヤモンドの光線、世界の光です。この本は、マスター自身が実際に執筆した数少ない著書のひとつです。

一八九八年十月、マスターがヴァルナの小さな社会に対して異例の声明「みなさんへ」を発表しました。ブルガリアが解放されて二十年が経っていました。ドウノは「天からの言葉に耳を傾けなさい」と言いました。

1920年頃のペーター・ダノフ

私は神の命令により、ここに来ました。あなた方の父なる神は私に、あなた方に悪の道から離れるよう警告し、あなた方に永遠の光、どの人のマインドをも照らし、ハートをも一新し、あらゆる魂を高めて元気づける真実の天の住居からやって来る生命の真実を説く使命を与えられました。皆さんは選ばれた真実の子どもであり、親族であり、ユダ族の子孫でもあるスラブ民族が中心になる新しい人類の種を形成するよう、あらかじめ定められていました。

「国家の再生には、」ダノフはこう続けました。「ハートとマインドの調和が必要です。このふたつは愛と美徳に向かって並行して進まなければなりません。力と根拠がともに、良き願望の道を示し、それを守るからです。その条件から外れるものはみな、どうやっても失われます。……私はこの崩壊しつつある世界に、とても重要な時期に、必要な影響力を力強く及ぼして、この世界の国々が愚かにも進んでいる、この荒涼とした道からあなた方を離れさせるためにやって来ました」。

光の同胞団

一九〇〇年、ベインサ・ドウノは光の共同体を発足させ、第一回会議を四月六日にヴァルナで開催しました。表向きは大したことのない出来事でしたが、その実は、肥沃な土壌に小さな小麦の粒を蒔くのに通じるものでした。参加した弟子はわずかに三人。そのうち一人は講義の途中、なぜほかの者たちが時間通りに着かなかったか（！）の説明をするよう求められました。マスターはのちに、こう説明しています。

今、あなた方は三人しかいません。でも、大勢になります。この広間はもぬけの殻ではありません。椅子には見えない存在たちが着席しています。今日はブルガリアでの白色同胞団の第一回大会です。あなた方は、今は三人だけですが、数千人になるでしょう。

のちにこれは実現しました。信奉者の人数は、ドウノが亡くなった時点で推定四万人もいて、一九三〇年代に研究会は国内に百四十四もあったのです。

ベインサ・ドウノは、その後、教えを説いたりヒーリングをしたりしながらブルガリア国内をくまなく回り、そうするうちに、ブルガリアの人々によく知られるようになっていきました。ドウノは人々が努力していることに対して励ましの言葉をかけ、弟子のひとりにこう書きました。

「私は本気で祈っています。神があなたを光で照らし、ご加護を与えますように、密集したひとまとまりの魂に私たちを結びつける神の御霊をあなたが受け取りますように、私たちが魂とハートに主の偉大な筆舌に尽くしがたい愛を宿していられますように」と。ドウノは人々に次のように忠告しました。

無限の絶対者は常に真実です。
そして、その愛は不変です。
耳を傾けなさい、あなたのなかにあるその静かな声に
そして、その教示に。
神の御意思は、その愛のなかであなたが強く成長することです。
無限の絶対者はその理由をもたらすでしょう。
完璧に完成された状態に。
忠実、賢明な忍耐、純真を常としなさい。
心を清澄に、魂を健全に、霊を活発にして。

初期のころ、高齢の弟子の数人が、マスターの力や使命がよくわからないでいました。ドウノが講演をすることになっていた会合で、そのうちの一人がスピリチュアルなテーマについて自分たちも知っている影響に言及しました――おそらくベインサ・ドウノは単に、彼らよりも少し多くを読んで記憶にとどめたのであって、彼らとはそう大差ありませんでした。

すぐあとにマスターが笑顔で入ってきて、周りを見回しました。次に鍵を持ってドアを閉め、鍵をテーブルに置きました。マスターが席に着くや否や、姿が見えなくなりました。驚いた聴講者たちがさらに驚いたのは、マスターがドアの外にいて、ノックして聞こえているかどうかたず

ねていたことだったそうです。しばらくして再び座った姿で現れて、こう言いました。「私は再びみなさんの前にいます」。

さらにもう一度姿を消し、ドアをノックして「私はまた外にいます」と言いました。マスターはもう一度室内に姿を現し、「はい、再びみなさんとともに座っています」と言いました。これが三回繰り返されました。穏やかさを取り戻すと、マスターはこう言いました。「いいですか、私はあなた方とともに、あなた方のなかにいますが、あなた方とは違います」。マスターの非凡な能力をつぶさに示している逸話はいくつもあります。弟子の一人に列車の運転手がいて、その弟子は列車の運転中に居眠りしてしまったことがあります。停車するはずの駅に着く直前に、汽笛で突然目が覚めました。この運転手はマスターが隣に立っていて、列車の到着を知らせる汽笛のボタンを押している（！）のを見てとても驚きました。マスターに感謝の言葉を伝えようとしたそのときに、マスターは姿を隠してしまいました。

子どもを抱えたある貧しい未亡人がひどい苦境に陥って、その状況が好転する兆しが全く見えませんでした。女性はその苦痛を終わりにしたいと服毒自殺することにしました。すると突然、見知らぬ男性が自宅にやって来てグラスを取り上げ、こう言いました。「何をしているのですか、なぜ死にたいなどと思うのですか」。女性が事情を説明している間、男性はその話をじっくりと聞き、彼女を慰めて、最後に、今の状況はよくなりますよ、と言いました。女性は自殺を思いとどまり、この不思議な出来事の後すぐに仕事がみつかり、子どもを養うことができました。ある日、彼女はたまたま気づくと、白色同胞団の拠点であるイズグレフにいて、マスターが突然やって来て、自殺を思いとどまらせてくれたその人だったと知り、心底驚きました。

ほかにも、ブルガリアのある労働者の話があります。その人は、一儲けしようと妻と子をブルガリアに残してアメリカに行きました。しばらくしてその男性はアメリカで別の女性と結婚してしまい、もうヨーロッパには戻らないと決意しました。しかし最初の妻は、夫に長らく会えないことを嘆き、戻ってきてほしいと綴った手紙を送り続けました。夫からの返事はありませんでした。ある日、彼女はマスターと個人面談をして、その窮状を聞いてもらい、心配いりませんと言われました。旦那さんは戻ってきますよ、と。その日から男性のもとに、白髪頭で顎髭を生やした老人が訪ねてくるようになりました。この人物は男性に対して執拗に話しかけ、妻と子がブルガリアに戻ってきてほしいと思っていると言いました。男性は、初めは聞きたくないと思っていましたが、老人は毎日やってきて同じことを言い続けました。

男性はついに、汽船に乗ってブルガリアに戻ることにしました。すると同じ船にあの老人が乗っていて、本当に驚きました。老人は相変わらず同じことを伝えました。この老人は、男性が自宅に戻ると現れなくなりました。男性は妻にその話をしました。妻は、その老人はマスターに違いないと思いました。

彼女が心に抱いたいかなる疑念も、夫がイズグレフを訪れた時に一掃されました。夫は離れたところからマスターを見つけ、こう叫んだのです。「僕をブルガリアに戻らせた男性がいる」。お互いに名前を名乗りあった際、夫はマスターが最近アメリカに行ったことがあるかどうかをどうしても知りたいと思いました。老人は笑顔で、ここしばらくは行っていません、と答えました。

教えを説くという使命

一九〇五年から一九二六年にかけて、ベインサ・ドウノはブルガリアの首都ソフィアのオパルチェンスカ通り六十六番地を拠点にしていて、ここで朝の講話をしていました。部屋がいっぱいになってしまうので、外にいても中にいても聞こえるよう、窓のところに立って話さざるをえないこともありました。話を聴きに来た人々は、自分たちがすぐに抱いてしまう先入観に対する答えに気づくことがよくありました。ベインサ・ドウノは柔らかい物腰ながらも聞き取りやすい口調で、ときには話の前に自ら作詞した歌をヴァイオリンを弾きながら歌いました。その歌詞とメロディーは書き留められていて、二百曲ほどもあります。ドウノは弟子たちに毎日歌を歌うように言いました。今日では、会合のとき、夏の山でのキャンプのときには必ず歌を歌います。

一九一四年以降、講話は全部速記で書き留められ、書き起こされて、編集、出版されました。ドウノの講話はその後三十年間で七千話にもなり、その三分の二はブルガリア語で書かれた百五十巻ほどのシリーズになっています。この量は、同時代の偉人ルドルフ・シュタイナーをはるかに凌ぎます。

一九二二年、マスターは自らがそう呼ぶ「オカルト学校」を開校しました。「オカルト」という英語は「秘伝」とか「奥義」といった方がわかりやすいかもしれません。クラスは「普通科」と「若者向けの特殊科」の二つがあり、普通科の講義は水曜と金曜の朝五時から、若者向けの特殊科は金曜の朝五時からでした。目的はそれぞれに異なっていて、「特殊科」は知識も実習も特に充実していて、若い人たちのエネルギーを発展させることを目的としていました。若者たちが成長するには、すぐれた指導と好ましい雰囲気が必要でした。普通科では、成人とはすでに旅の一部がすんでいて、過ちを犯し、修正して改善すべき習慣があると考えられていました。しかしいずれの科も、人生そのものに対して得られた洞察を活用し、その過程でマインド、ハート、そして意志を鍛える実習を行っていました。

神聖学校がなすべきことは、人々が真実に専念するためのマインドと、ハートの準備をすることにあります。人生の偉大な学校――白色同胞団の学校、いわゆる神聖学校――の性質のひとつは、人は学ぶもののすべての真価を問うということです。この学校では、理論と実践が連携して進んでいきます。それは、弟子たちに真実への道を示すだけでなく、その利用法をも示すものです。

講義はいずれも、先に書いたように早朝から時間通りに始まり、最も集中力のある勉強の時期

リラ山脈、七つの湖にて弟子たちの夏のキャンプでのマスター

は、秋分から春分の間でした。春から夏にかけて、講義のあとには体操とパネウリスミーの時間があり、一九二〇年代半ばからの七月と八月には、夏のキャンプがリラ山脈で実施されました。講義は午前五時の日の出後に祈りの山、つまりムサラ山の山頂で行われました。日曜日は、午前十時に誰でも聞くことができる総論が開催され、これは通常、まず福音書からの引用から始まりました。ボゴミル派と同じく、マスターは特に聖ヨハネを好んでいました。

一九二〇年代には、ソフィアの町はずれに白色同胞団の拠点ができました。そこは「日の出」を意味するイズグレフというところでした。一九二六年までに、権威筋は気のりしないながらも、年次総会を継続するために建築作業が進みました。昼食はいつもベジタリアン・メニューで、共同で食事をとりました。市民が来て食事を共にすることも歓迎でした。時には共産主義者らも現れました。マスターの主張に懐疑的なある共産党員についての逸話があります。その共産党員は、自分だけが知っていることを言えるかをたずねたのですが、マスターは少し考えた上で、その男性に、あなたはいつもコインを一枚も入れずに献金箱をゆすってガタガタならしている、と伝えました。その男性の狼狽ぶりから、その話の正しさがわかりました。

弟子たちとイズグレフにいるペーター・ダノフ

総会は八月に開催されるのが伝統で、一九二九年からリラ山脈に移されました。ベインサ・ドウノは一九二〇年頃から、日の出を迎えるように促したり、ソフィア近くのヴィトシャ山やムサラ山への小旅行を計画したり

祈りを捧げているペーター・ダノフ（ベインサ・ドウノ）

することによって、弟子たちがもっと自然に触れるようにしはじめました。第一回の三日間の小旅行は、当時を知る人によれば、さまざまな点で印象的だったそうです。第一に、ベースキャンプから三〇〇〇フィート（九〇〇メートル超）を登るのに、スキーのリフトがない上に、誰もテントも寝袋も持っていませんでした。天候は、八月半ばであればありうるとはいえ、この上なく酷い日がほとんどでした。それは、肉体的な意味でもスピリチュアルな意味でも、真の通過儀礼《イニシエーション》でした。第一キャンプにも、ムサラ山まで一八〇〇フィート（約五〇〇メートル）登るために、午前三時三十分より前に起床することになっていて、登頂は意志を強化するためのスピリットと肉体の鍛錬となり、弟子たちは山頂から荘厳なご来光を拝むことによって報われた気持ちになりました。昔も今も、最も強烈なスピリチュアルなワークをするのは山のなかです。キャンプは誰に対しても、お互いに支えあう雰囲気のなかで同胞として生活する機会が与えられます。

アドバイスとヒーリング

多くの人が助言や救い、癒しを求めてベインサ・ドウノのもとにやって来ました。ドウノは体の不調についてこう話しました。「病気というのは、自然が生き物のエネルギーのバランスをとっているという教育に役立つ方法です。病気の人が神聖な愛と同化すると、一瞬にして健康になります」。マスターは食物、空気、水、光の自然療法を推奨しました。ときには弟子に対して、祈りや断食によって思考や感情の水準をさらに上げるようアドバイスしました。「思考、感情、願望、そして身体の純粋さは、健康の条件です。常に愛に包まれて生活し、行動しなさい」。

郵便局に勤めていたある弟子が、突然、妻が危険な病気になるという不運に見舞われました。この弟子はマスターに医学的処置についてアドバイスを求める手紙を書き、その手紙をポケットに入れて仕事に出かけました。職場に着くと、机の上に自分宛の電報が置いてありました。すぐに開いて仰天しました。マスターから届いたもので、自分の妻について必要な指示が書かれていたのです。手紙はまだポケットに入れたままでした。この弟子がアドバイスに従うと、妻はすぐによくなりました。

ある秘書の母親が病気になり、腸が正常な機能を果たさなくなり、お腹の不調を訴えていました。ソフィアで屈指の医者たちに頼りましたが、駄目でした。その秘書がマスターに会いに行ったところ、お母さんはキリスト教信者ですか、とたずねました。確かにそうですと答えると、マスターはこうアドバイスしました。「心配いりません。落ち着いて下さい。家に戻ったら聖書を開いて、お母さんに詩編をいくつか読んであげなさい。ふと目に留まったものならなんでも構いません」。その言葉どおりにすると、自分も姉も、さらには母親も穏やかな気持ちになりました。さらには、母親がそらで覚えている詩編があることがわかり、暗唱で朗読に加わりました。すると一時間も経たないうちに苦痛は和らぎ、数日のうちにあらゆることが元に戻りました。この秘書はこの方法についてじっくりと考え、この状況に耐えてネガティブな状態からポジティブな状態に変えるための思考の力をマスターがもたらして下さったのだと思いました。

一九三八年一月に、弟子のひとりがある田舎町で働いていると、左目が腫れていて、徐々に悪化して青くなっていることに気づきました。眼科医に診てもらいましたが、治療はまったく効果がありませんでした。とても心配になって、ソフィアに戻り、マスターに相談しようと決めました。朝の十時に到着しました。マスターは、失明する危険が大いにあるといってこの弟子を座らせ、目の前で払うように何度か手をかざしました。この弟子はその後、庭に出て眠りにつきました。目覚めると頭部の違和感はなくなっていて、手鏡で目を見てみました。ほとんど元に戻っていたのです。腫れも引いて、目が開くようになっていて、青みもなくなっていました。二〜三日後には跡形もなくなっていました。

ある若い弟子が急性の盲腸炎になり、父親が手術を希望しました。この弟子はこれを拒み、マスターが救ってくれると確信していました。金曜日の朝、五時から六時の間にこの弟子の容態が悪化した上に、意識を失ってしまいました。この時、マスターは講義の最中でしたが、急に話をやめて遠くを見つめていたようでした。マスターは講義を中断し、急いで自室に戻り、何かの液体をコップに注ぎ、急いでこの弟子の自宅へと向かいました。コップの液体をこの弟子に全部飲ませて、講義に戻りました。この弟子はのちに、液状の火のようなものを飲まされ、大量に汗をかき、シーツを十四回も交換しなければならなかったほどだったと話しました。二～三日ほど休んで完治したそうです。

ある弟子の友人は、裕福な実業家だったのですが、病気になって満足に仕事をこなせなくなってしまいました。一年間治療しましたが何の効果もなく、同僚たちはお払い箱にして給料をカットすることにしました。この男性は絶望の淵に追いやられました。もうひとりの弟子がこの状況をマスターに伝えると、マスターはこう答えました。「その人は、貧しい人々を助けるため、食べ物、衣服、暖房など、貧しい人が持っていない生活必需品を与えるために、多額の贈り物をすることができるでしょうか。それをする心づもりがあるのであれば、私に知らせてきます」。この男性は十分な贈り物をしました。マスターはそのことを知らされると、この友人に黒大根をいくつか購入し、それを搾って、ティーカップ一杯ほどの搾り汁を加熱して飲むよう指示しました。

そのとおりにしたところ、翌日にはかなり体調がよくなり、この治療を二～三日続けると完治しました。この方法がうまくいき、この友人は他の人にもしてあげてよいかとたずねました。マスターの答えは、他の人には全く効かず、本人であっても相当な犠牲的行為をする気持ちがなければ効かなかっただろうとのことでした。マスターはさらに、「あなた方がこの世で望むあらゆる良きことは、高くつくことを人々は知っておくべきです」と言いました。

ヒーリングの事例で最も劇的なものとしては、学生の弟子二人にまつわるものがあります。二人は列車でソフィアに戻る途中で、長髪であるという理由でなじられていましたが、当時それは、二人が白色同胞団に属しているサインでした。別の乗客で、中佐だった人が突然立ち上がり、なじっていた人たちに向かって、これ以上マスターを笑いものにするなら窓から投げ出すぞと言いました。中佐はさらに、二人の弟子になぜ自己弁護しないのかと責めるように言いました。そして、この二人に対して、結核にむしばまれたひとり娘がいた話をしました。中佐の娘は、ブルガリアの専門家だけでなく、オーストリア、スイス、ドイツの専門家にも相談しましたが、いずれも駄目だったとのことで、救いも希望もなかったそうです。このため、最後は自宅で穏やかに過ごせるようにと帰宅しました。娘の状態は悪化して、意識朦朧で食事もとれず、死が目前に迫っていました。両親は、娘が死んだらすぐあとを追おうと決めました。中佐がマスターについて聞いたのはそのあとのことで、マスターに会いに行きました。跪《ひざまず》いて絶望的な状況を説明し、こう叫びました。「マスター、あなたはローマ軍の百人隊長を助け、その娘を一言で治しました。お願いです、マスター、私たちも助けてください！」マスターは優しくその男を見つめてこう言いました。「立ち上がりなさい。家に帰りなさい。娘さんは助かりました」。

男性は家に帰って仰天しました。娘が起き上がって刺繍をしていたのです。家を出たときのように死の床に臥せってはいませんでした。母親がパンを揚げて食べる準備をしていました。男性が妻に、娘がよくなって食欲が出たときのことについて詳しくたずねたところ、自分がマスターの前に跪《ひざまず》いて助けを乞うているときと一致していることがわかりました。

ここに挙げたような逸話は何度も起きていますが、ベインサ・ドウノはさまざまな方法で人々を治療したという印象と、前後関係がどうであっても病気には意味があるのだという印象を受けます。ドウノはいつも重大な瞬間に割って入り、病気の人にこれほどない努力を求めることも多々ありました。たとえば、手足にしびれがある男性には、外に出て庭仕事をしなさいと言い、くわを持ち上げることすらできないのに、それを使うなんてとてもと答えましたが、強い意志を見せる必要があったのです、とマスターは主張しました。麻痺のある男性は忠告を聞き入れると、徐々によくなりました。

後期の教え

一九三〇年代全体と一九四〇年代初頭にかけて、マスターは体系的な講義を年中続けました。

夏のキャンプは、ムサラ山の近くの七つの湖の地域で開催されました。

訪問者たちは外国からも来るようになり、一九三九年の戦前最後のキャンプには、五百人以上が参加しました。ムサラ山近くのキャンプ地のひとつで、霧と雨のなか、みなが山頂から降りてくると、マスターは素晴らしい講演をしました。タイトルは「小さな草の葉」でした。霧が湖面に低く垂れこめ、その水分の重みで草は首を垂れるように曲がっていました。マスターは常に、困難な状況のなかに創造的な面を見ています。


どんな葉も地面から現れると日の光を浴びることになります。今なら、なぜ雨の中にいるのかとたずねるかもしれません。雨は私たちにとって教訓となる実例です。地面に種を蒔いたら、雨は天の恵みです。種を蒔かなかったら、雨は不運な出来事です。私たちがムサラ山で雷鳴や雨、雪に打たれたのはなぜでしょうか。これは天の言葉でした。神はこう言いました。「その人たちに、みなさんが私の意志に沿うのであれば、私からの祝福がみなさんに注がれるでしょう、と伝えなさい」。神の御意志、すなわち常によい状態でいることを全うすることは素晴らしいことです。

みなさんの多くは、ご自身の美徳を形に表していません。すなわち、あなた方の種の多くは、まだ地面から葉を出していません。なぜ私はみなさんをムサラ山に連れて行くのでしょうか。それは、神を知るためなのです。神はあなた方に天から話しかけますが、その言葉をあなた方は理解していません。神はあなた方にこう言っています。「あなた方はお互いを愛さなければなりません」。人々が愛するように愛することは、あなた方を堕落させます。あなた方は、神が愛するように愛さなければなりません。愛してゆるすのです。あなた方は誰にお仕えするのでしょうか。神しかいないのです。この「神のために」という考えは、常にハートのなかにとどめておかなければなりません。あなたが何をしようと、それは神のためでしかないのです。

もし誰かが私に、「なぜあなたは神を愛し、神に奉仕するのですか」とたずねたら、私はこう答えるでしょう。「神が私を愛してくださっているからです」。奉仕と勤労は常に、愛に応える方法です。愛には影響力があります。このことを知って下さい。それがムサラ山という高峰です。神は内なるものです。人々は善良なハートでいなければなりません。神があなたに託した良きことは、あなたが神のためだけに勤めることによって発現させるのです。自身の美徳が優位になって、「私はいついかなるときも神にお仕えすることができます」と言えるようになるまでは、苦労するでしょう。

あなた方はこう言います。「善良でありましょう」と。「良い」や「善良」には三つあります。自分自身に対してよくできると言う人もいれば、近しい人に対してよくできる人もいます。しかし私は、理想的な状態とは、神に対して善良であることだと考えています。人々は自分自身に対してよくできる方法はもう知っていますし、近しい人によくする方法も知っています。今からは、神に対して善良である方法を学ぶのです。

長い距離を飛んで花粉を集め、はちみつを作る小さなミツバチを考えてください。ミツバチは自分自身とその仲間に対して善良でないでしょうか。善良であるに決まっています。しかしミツバチは、神に対して善良であるという偉大なる法規範について学んでもいなければ、理解もしていません。はちみつを取ろうとしてみなさい、そうすれば、ミツバチはすぐにあなたを刺すでしょう。ミツバチは神には何も与えません。ミツバチは自らの生活を見事なまでに整えています。棲家は申し分なく、体は清潔で、勤勉ですが、神に対して善良でなければならないという法規範を知りません。私たちもミツバチと同じなのです。私たちは自分の家や近しい人たちに対してはとてもよくしていますが、神について言えば、私たちに何かを求められると、私たちはすぐに神に針を出します。

これからあなた方は、神に対して善良であるという法規範を学ぶことになります。それはこの上なく偉大なことです。それを学べば、あなたの人生全体が新しい意味を持つようになります。生きとし生けるものがあなたに話しかけはじめ、あなたはそれを学ぶのです。今、私はあなた方一人ひとりに、お土産として、草の葉を与えます。それはあなたの紋章になります。この草の葉はあなた方にとって、「神にお仕えする」という考えをかたちで表したものになります。神にお仕えするとは、私たちが純粋なハートと完璧な状態で神に近づくということ、私たちの魂の神聖な瞬間ということです。私たちの思考、願望、そして行動は、純粋で輝いているのです。聖霊が完全で魂が純粋であるときにだけ、私たちは、その魂が切望しているもの、そのスピリットが努力の対象としているものが何かを教えてくれる神聖な科学を理解することができます。神にお仕えし始めるとき、私たちには神聖な叡智、すなわち生きとし生けるものの叡智が必要なのです。

その話のあと、弟子の一人がこう言いました。「マスター、マスターが私たちと常に共

教えを説いているペーター・ダノフ

にいて、上に述べたように私たちに話をするのであれば、それはなんとよいことでしょうか」と。マスターはこう答えました。「あなた方といなかった時間はありませんでした」。

別の人がこう言いました。「ここに留まることは、なんとよいことなのでしょうか」。

マスターはこう答えました。「『ここ』とは『神とともに』という意味で、私たちはいつも神とともにいます」。

最後の日々

ベインサ・ドウノは最後の数年間、愛してやまないムサラ山を最後にもう一度訪れたいと思っていて、ボヤン・ボエフに遠征の手はずを整えるように言いました。問題は移動のための車を得ることでした。というのも、ガソリンも車も十分ではなかったからです。別の弟子が、自ら進んで必要な許可を取ってくれましたが、病気の人のためにしか車を得ることができないということがわかりました。結局この弟子は、ほかの友人が足を痛めたという嘘の口実で車を入手したのです。この弟子は急いでイズグレフに戻りましたが、マスターはこう言いました。「私は偽りによって得た車で行くつもりはありません」。この弟子は事務官のところに戻り、マスターがムサラ山に行きたがっていると言っただけで、すんなりと車が手に入りました。三日間の小旅行は本当に深く感動しました。マスターは、自身が再び物理的な身体でムサラ山を訪問することはないと理解していたからです。マスターはゆっくりとした歩みで、幾度となく立ち止まって周囲を見渡していました。日が差す高峰を見上げ、松の木の香りがする空気を吸い込みました。また、橋のところで立ち止まり、澄んだ水をじっと見つめていました。

ブルガリアの誰にとっても戦争はつらい時期でした。一九四四年一月、ソフィアに爆弾が投下されたあと、マスターはヴィトシャ山近くのマルチャエヴォに移りました。マスターは、自らの務めを果たすのに好ましい条件が減っていくことを知っていたのです。

十月に、メソジ・コンスタンチノフがマスターのもとを訪れました。マスターはこう告げました。「私はこの地球上での仕事を済ませました。私は間もなく去ります」。十二月にマスターが旅立つ数日前、コンスタンチノフは再びマスターのもとを訪ねると、マスターは彼らにこう言いました。「ベートーヴェンとは何をする人ですか、イエスは何をする人ですか、ダノフは何をする人ですか。永遠かつ無限の存在は神だけです。神だけが真実です」。するとマスターはそっと「オーム」を歌い始め、美しい身振りをしました。これが、マスターがこの世で歌った最後になりました。

十二月の短く、寒く、霧深い日々は、コンスタンチノフによれば、彼らの魂に生じているものの象徴のようでした。ある日、コンスタンチノフはマスターの部屋で過ごしていました。立ち上がってドアのところまで行くと、耳元でささやき声が聞こえました。「メソジ、出て行きなさい。物理的な身体は一時的なもの、束の間のもので、闘争の場に何百万体もの身体がとどまっています」。マスターは自分のなかに入り込んでいました。メソジはマスターに、物質世界にもう少しとどまらないのでしょうか、とたずねました。メソジは自分の身体が否定を示す身振りをしていることに気づきました。

マスターの最後の言葉には、次のようなものがありました。

世界が整えられるのは愛によるもので、愛を伴うものであって、それ以外のものではありません。私は去ります。私の務めはあちら側で続きます。あなた方にはあまり時間がありません。油断せず、希望を失わないように。あなた方はもっと熱心になって前に進まなければなりません。誠実でいて、自らの使命に忠実でありなさい。汝に平和があらんことを。完遂した仕事はまだ少しです。

マスターは両側性肺炎であると診断されていて、十二月二七日の朝六時に息を引き取りました。白いスーツに身を包み、イズグレフの講堂に安置されました。打ちひしがれた弟子たちは、ヴァイオリンとハープの伴奏に合わせて歌を歌いました。マリア・ズラテバは二八日のことを次のように回想しています。アセン・アラノドフのハープとカティア・グリーヴァの優しい歌声に合わせて、ヴァイオリンを弾いていました。三人の前にはテーブルがあり、フルーツを盛り付けたボウルが置いてありました。三人のハートは深く悲しみながら演奏しました。突然、リンゴがボウルから転がり落ちて、アセンの足元で止まりました。さらにもうひとつ落ちて、カティアのところに行きました。最後に、三つ目のリンゴがマリア自身のところに来ました。「誰かが指で押して落としたようでした」。私たちは沈黙し、しゃがんでそのリンゴを取り上げ、私たちに愛と感謝を示してくださったマスターに感謝しました」。

マスターの死から二日後に、共産党の権威筋がマスターを逮捕しようとイズグレフにやって来ましたが、もうこの世にマスターはいませんでした。生きていれば拘留していたのは間違いありませんし、処刑した可能性もあります。この訪問が端緒となって、四十五年間にわたり嫌がらせと迫害が続きました。これが解かれたのは一九八九年秋のことでした。検死を担当した医師は、五十年間も検死をしてきたが、これほどきれいな身体にお目にかかったことはないと言いました。弟子たちは共産党書記長ゲオルギ・ディミトロフから特別に許可を得て、亡き骸を庭に埋葬しました。イズグレフそのものは破壊されましたが、皮肉にもそこに（旧）ソビエト大使館が建てられて庭はそのまま保たれました。墓標には名前がなく、五芒星と星のそれぞれの先端に「愛、叡智、真実、公正、美徳」とだけ刻まれていました。

一九四五年三月二七日に少人数の弟子たちがイズグレフの講堂に集まり、講義をして、歌を歌い、祈りを捧げました。居合わせた者たちの目は、誰も座っていないマスターの椅子に向けられていました。その椅子は決して、速記者のパチャ・テオドロヴァのために空いているのではありませんでした。テオドロヴァには、その椅子に座っているマスターのスピリチュアルな像が見えて、その位置がいかにも講義の終わりにありがちだと思えて、最初は見間違いではないかと思いましたが、否、間違いなくまぶしい光に包まれたマスターの姿でした。その感覚はしばらく続いたため、詳細まで観察することができました。マスターを取り巻く光はさまざまな長さの光線が集まったもので、四方八方に発せられていました。ほかの人たちにも同じ光景が見えていて、マスターの顔がときに太陽のように輝くこともあれば、強い光線がマスターのスピリット体から発せられることもありました。そのような報告は現在でも続いていますので、マスターが今でも存在し、活動していることがわかります。

マスター、ベインサ・ドウノの使命

通信技術と、なかでも宗教の比較研究によって、それぞれに異なるスピリチュアルな伝承の相互理解に革命がもたらされました。第三世界の多くの人々にとって、キリスト教は西ヨーロッパが輸出した帝国主義者の一括りの文化の一部であったことを忘れることは簡単です。他の宗教は、実際にはそうでなくても、劣っているとみなされました。哲学者のショーペンハウアーは、ウパニシャッド哲学の真価を最初に認めたひとりであり、その後、全五十巻の『東方聖典叢書（一八七九～一九一〇年）』をまとめたF・マックス・ミュラーの偉大な著作にたどり着きました。初期のころの人類学者であるエドワード・バーネット・タイラー、ジェームズ・フレイザー、アンドルー・ラングなどは、宗教的な想像のパターンを明らかにしています。ウィリアム・ジェームズは画期的なギフォード講義を行い、それを刊行した『宗教的経験の諸相（一九〇一～一九〇二年・岩波文庫ほか）』が神秘体験に対する新しい姿勢のはじまりとなりました。C・G・ユングは人間にある隠れた深層心理を明らかにしました。ラーマクリシュナやヴィヴェーカーナンダの足跡をたどる東洋の賢者らは、その叡智を西側にもたらしました。その活動と並行して、神智学協会の研究が進んでいました。後者からは、ルドルフ・シュタイナーの人智学が芽吹きました。

同時に、伝統的キリスト教の堅固な教義は、聖書学者によって吟味され、生物学、天文学、地質学の科学的発見から生じたキリスト教不信によって価値が損なわれました。そのいずれもが、政治的で哲学的な物質主義が現れて、宗教的直観を時代遅れの迷信であると拒絶したことによって強められました。しかし人間の魂とスピリットは、偉大な宗教学者ミルチャ・エリアーデや、永遠の哲学を教える学校が取り組んだテーマである虚しさをとても嫌います。そこには、ルネ・ゲノン、タイタス・ブルクハルト、フリッチョフ・シュオン、そしてS・H・ナスルが含まれます。物質主義者の見解は、私たちの最も深いところにある強い願望や、内なる事実と対応していないだけで、私たちには、物理科学の外側の制限と、根本主義者の信条の内なる制約を超越する哲学が必要です。これは、私が信じていることは、マスターのベインサ・ドウノの教え、すなわちその根本が、西側のスピリチュアルな伝統の中にしっかりとある秘教によってもたらされるということです。

一九一四年、マスターは夏の一時期をアルバナシという小さな村で過ごしていました。ここでマスターは、ひとり孤独に、断食と祈りで長い間過ごしました。ある日、山頂付近にいたとき、キリストが現れてマスターにこう言いました。「あなたの身体、あなたのハート、あなたのマインドを私に貸してください。そして、私のために働いてください」。マスターはこう答えました。「主よ、汝の御意志のままに。私は覚悟ができています」。

マスターがキリストと遭遇したのは、このときだけではありません。というのも、マスターによれば、「誰かが私に、『あなたはキリストを知っていますか』とたずねてきました。私は知っています。キリストと話しています。これまで何度も語り合ってきました」そうです。あるいは、「キリストにお目にかかったことがあります。キリストをよく知っています。語り合ったこともあります。教えも、私の方が上手であるはずの言葉も、キリストにはかなわないことがわかりました。この教えは、あらゆるものを受け入れます。キリストの教えとは何だったと思いますか。愛です。私も愛を説きます。キリストは自身について、神の子であるといいました。このため、あなたも自らを神の子と言って構いません」。

ベインサ・ドウノにとってキリストとは、愛としての神の最初の化身であり極限です。キリストはこの地球上に新しい生命と力をもたらし、意識の過程の退化と進化の間のターニングポイントとなる存在でした。キリストが勧めていた基本は、神を愛すること、隣人を愛すること、敵を愛することでした。全体としての人間が、二千年前に与えられた原則を当てはめる準備がまだできていないことを理解することは難しいことではありません。「いつ」とベインサ・ドウノはたずねました。

人々はこれまで、真実をつまびらかにされたときに受け入れたことがあるでしょうか。キリストは偉大な真実をこの世界にもたらさなかったのでしょうか。人々はキリストに何をしましたか。キリストのもとに十二使徒がやってきて、彼らも迫害されました。これは、科学分野の新しい考え、宗教、そして政府を取り入れた人物をどう受け止めたかではありません。それがどんなに素晴らしかったとしても、拒絶されたのです。

多くの人がキリスト本人の再誕を期待しています。キリストが再誕することになれば、あなた方の魂がそれを確信します。あなた方は、キリストが女性となって生まれることを期待することはできません。魂のなかに生まれれば、それは復活であり、それは人間の魂の覚醒です。キリストが人々のなかに生きるようになれば、みなが本当に生きるようになります。キリストは今もこの世界にいます。キリストの姿をその目で拝みたいと思っても、キリストがあなたのハートを最良の感情で満たせば、それ以上、何を求めるでしょうか。それがキリストではないでしょうか。

マスターはよく、自らの教えがキリストの教えと一続きのものであると力説していました。マスターは次のように言いました。

あなた方は、神が私を遣わしたこと、私が単に自ら望んできたのではないことをはっきり理解しなければなりません。地上への神の王国の到来のために務めるよう、私は神に遣わされているのです。神はキリストを介してお言葉を発し、私を介してお言葉を発しているのです。

私が講義のなかで紹介している考えは、神聖な情報源から得ています。キリストの話すこと、そして、私が言うことは、同じ情報源からのものです。

私は愛について知らせるため、地上に愛を降ろすためにやって来ました。それが私の使命です。私たちは、愛であるキリストについて説いています。それは、一人ひとりのハートを支え、満たします。私たちは、叡智であるキリストについて説いています。それは、あらゆる知性に光を与えます。私たちは、真実であるキリストについて説いています。それは、世界を解放して向上させます。

私は、私たちの生活のなかで応用しなければならないキリスト教の教えを説いています。私はあなた方に、キリスト教信仰が何により成っているかを示したいと望んでいます。私は神の王国に賛同しています。私たちは神の子だからです。神の子たちとは、愛を通して、正直に、そして偽りなく神と人類に仕えたいと思っている人たちのことです。

ベインサ・ドウノは、自らの信念を次のように説明しました。

私は、生命を創造した愛と叡智の存在を信じています。愛と叡智には、世界を再創造する力があると考えています。生きた愛と叡智が、私たちの生活、私たちの社会、私たちの家庭を変えることができると考えています。私たちが愛と叡智を受け取ると、真実と高潔さがやってきます。天使は天国から降りてきて、私たちの魂にすぐれた果実を植えます。

私があなた方に伝えることはこうです。「神は私のなかに住んでいて、私は神のなかに住んでいます。それを信じなくても、私が傷つくことはありません」。

あなた方は私に、私が何を求めているか、なぜ地球に来たかをたずねます。私は消されたランタンに光を灯し、あなた方をキャンドルやランプ、たいまつなどのように輝かせたいのです。

私はあなた方に、救済を説いているのではありません。地上に神の御意志を満たす方法を説いているのです。生きている神の御意志を満たす方法を教えていて、その神のなかにあなた方の解放が隠されています。神はあなた方がお互いを兄弟姉妹のように感じるようにして、あなた方に地球にやってくる偉大な命の準備をさせています。私の話や私の弟子に心奪われる必要はありません。あなたが教えを受け入れ、あらゆる問題にそれを応用することが重要なのです。

さらにこう加えました。

私が誰かは重要ではありません。あなた方が、私からどれほど多く利益を得るかが重要です。流れている源に気づいたことを神に感謝しなさい。私については、それについては何も言ってはいけません。

私たちは「ダノビスト」と呼ばれています。これは誤りです。私自身はダノビストではありません。私は神の愛を説いています。私が解く教えは、ダノフなる人物が生み出したものであるとは言わず、それは光の同胞団の教えであると言います。明日は誰か別の名前の、別の人が来ます。世界に入って来たどんな人も、その偉大さは、神から彼らに与えられた真実を伝えてきたという事実にあります。神からマスター、マスターから神を切り離すことができると想像した場合、あなたはその法則を理解はしていません。マスターが神の外側で何かすることができると考えているのであれば、マスターは間違った方向に向いています。人々に教えを説いているマスターだけが神なのです。神の姿かたちはひとつではありません。これが、神を見えるものにしたり、見えないものにしたりしているものです。

私に従うのではなく、神の愛に従いなさい。世界には特別なものがあり、それは神聖なものです。私があなた方に知ってほしいこと、理解してほしいことは、神聖なものです。それを理解することができるようになるには、あなた方は愛の王国に入らなければなりません。愛の土地に確かな足跡を残して、世界を創造した神は、決してあなたを裏切らないことを知ってください。神に関する絶対的な信頼感を持ちなさい。

私がこの地球にもたらした教えは、私のものではありません。それは神聖な教え、それは神の教えです。それは私だけの考えではなく、神聖な思考です。それは世界の創造の前からあり、私たち自身の具現です。善良な人々に与える最も小さな衝撃ですら、神の言葉です。

私がよくたずねられるのは、教えとは何か、私は何を説いているのかです。私はこう答えます。それは生きとし生けるものの教えであって、それ自体にあらゆる生命力が含まれ、そこに科学が関わっています。それは人間の科学であり、この世界で道理にかなったものの科学です。それは神の科学、愛の科学です。

ベインサ・ドウノは、決して飽きることなく、未来における愛の重要性を力説しています。

愛は世界の救済に必要です。それは、民族間に平和をもたらしうる唯一の力であり、民族一つひとつにこの世で果たす使命があります。愛は現れつつあります。善良さ、正義、そして光が勝利することになり、それは時間の問題でしかありません。宗教には浄化が必要で、いずれも神聖なものを取り入れていますが、人間の概念が繰り返し追加されているため、わかりにくくなってしまっています。信者はみな団結し、たったひとつの原理、すなわち愛をあらゆるもの、あらゆる信念の基本にすることに合意しなければならなくなります。愛と同胞、それが共通の基盤です。

ベインサ・ドウノの教えで最も重要なシンボルが二つあり、ひとつは泉、すなわち源泉で、もうひとつは小麦の粒です。神とは最高の源泉であり、発芽を引き起こす命です。マスターの言葉は、愛、叡智、そして真実から作り上げられたものであり、魂の飢えと渇きを満たす食べ物と飲み物なのです。しかも、私たちの奥深くに隠れた神聖な素養が芽吹くのを助けるものでもあります。われわれの時代のこの預言者が、今世紀前半にブルガリアに蒔いたその種は、今まさに、暗い地球に芽吹きつつあります。新しい文化の最初のつぼみが今、成長しはじめ、やがてしかるべきときに実を結ぶでしょう。

マスターは、自らの信奉者たちが伝道者を気どり、神聖な教えを説くことを望んではいません。自らの教えは、人々がやって来て食べることができる食事であり、食べた人の血となり肉となるものであると説明していました。最後の逸話からも、マスターが好んだ方法がよくわかります。ある熱心な弟子がマスターのところに来て、愛に関する良い知らせを広める方法についてアドバイスを求めました。その弟子は石鹸箱を入手して、その上に登って説教することを考えたのですが、ベインサ・ドウノはこう言いました。「いいえ、それはいけません。それは時代遅れな方法です。今までに上手くいったためしがありません。ほかに方法があります」。

さらにたずねると、ベインサ・ドウノはこの弟子に、山でスミレの香りがする空気を吸い込んだことがあるかどうかとたずねました。もちろんあります。「であれば、」とマスターは続けました。

あなたは、その素晴らしい芳香を、そのスミレを見ずに嗅いだはずです。そのあとに、小さな花が灌木の下に隠れて芳香を放っている姿を見つけることもあったでしょう。それが私たちの務め方です。そのスミレのようにするのです。私たちの輝きを放つ考え、気高い感情のほか、有益で無私な行動が、スミレの芳香のようなものです。探求する魂に出会っても、二〜三の言葉をかけるだけです。小さな聖なる火を灯して立ち去るのです。これは、意味のない行動に見えるかもしれませんが、この魂は別の魂たちと繋がっているので、そちらも光で照らされることになるのです。それが法則なのです。

愛を完全なものにすることは、私の人生の目的になります。
完全な愛は、魂からあらゆる恐れを取り除き、
スピリットに平和と喜びをもたらします。
神の御意志が果たされたところに、
人間の魂の力があります。

1. Runciman, S. *The Medieval Manichee, Cambridge University* Press, 1947, p.67; Obolensky, D. *The Bogomils*, Hall, 1948, p.117.
2. Obolensky, op. cit., p.121.
3. 同上、p.141.
4. 同上、pp.215-6.
5. Churton, T. *The Gnostics*, Weidenfeld & Nicolson, 1987, p.41.
6. Schuon, F. *Gnosis*, Perennial Books, 1959, p.82.
7. Runciman, S., op. cit., p.163.

※ベインサ・ドウノの引用文については、フランス語の翻訳と、相当数の未発表の原稿から引用しています。

第一章
神

（第一章からは、ゴシック体が原著編集者の言葉、明朝体がベインサ・ドウノの言葉になります。）

多くの人たちにとって、信じているかどうかにかかわらず、神は概念にすぎません。ベインサ・ドウノにとって、つまり、あらゆる聖伝の秘伝を授かった者にとっては、神とは直接現実であり、愛、叡智および真実の根源であり、宇宙の、そして生命の存在そのものなのです。ドウノはさまざまな言葉を使って神を表現します。基本原理、究極の現実、われわれのマインドに光となって現れる生命の光、われわれのハートにある温もり、われわれの意志の強さ、などです。

神の存在を体系的に否定してきた不信の時代と理性的な無神論の時代にあって、ベインサ・ドウノは、愛が存在するということは、それは神が存在するということであると、斬新で人目を惹く「証拠」を示しました。愛は内なる属性であり、神の存在は、マインドが饒舌になって気が散るのを静めることにより、ハートの深いところに目を向けて、ようやく知ることができます。私たちはみな、何らかのかたちで愛に触れたことがあり、これはつまり、神に触れたということになります。私たちは、神の愛の伝達者であり媒介者であって、神の愛の創造者ではありません。

ですから私たちが愛し、愛されるとき、神聖な愛をやりとりしていることになります。ベインサ・ドウノは、目覚めた意識状態を維持することによって、神聖な結びつきをもつことの重要性を説いています。このつながりは、感謝の念を通じても維持されます。

現代人の多くは、身に降りかかったり、周囲で目にしたりする苦しみの大きさゆえに、神の存在を否定します。その大半が人間に端を発するものであり、人間に自由が存在する結果であるとしても、です。私たちは、特に人生の目的が成長ではなく幸せであると考えている場合には、苦しみを十分に達観していません。バラの花や植物の蔓は剪定されるのを耐え忍び、種子は暗い土の中に埋められて命を落とします。ベインサ・ドウノは、それがわれわれを微睡みから目覚めさせ、意識して働くよう促されて、冬の死を抜けて春の復活に至るという点で、苦しみの道とは神への道であると説明しています。

この過程が楽で苦痛がない振りをすることができる人はおらず、多大な勇気と忍耐が必要です。

「試練と苦難をくぐり抜けることによってのみ、人は、愛とは、信仰とは、希望とは、本当はどういうものかを理解するようになります。この方法でのみ、人は、愛が愛の欠如よりも、地獄と死よりも強いものであること、信仰は疑いよりも強いものであること、希望が絶望よりも強いものであること、善が悪よりも強いものであることを理解します。

それでも、この上なく苦しい瞬間に祈るとき、多くの人が悟ってきたように、救済は決して遠く離れているものではありません。たとえハートが暗く惨めに感じても、私たちは決して完全に見放されるということはありません。神が究極的に問題を解決してくれる存在であり、私たちの深いところに存在する拠り所であるからです。ベインサ・ドウノは、次のような言葉を唱えて、不安で気が休まらない感情に対処するようにと言います。「私は完全なる調和の世界に生きています。私の周りには、いつでも私を助けられるようにと、高次の世界の聡明で崇高な存在がいてくれます」。

あなたの外側に神を探してはいけません。
あなたが探している神は、そこには存在しません。
神は、私たちのなかに、魂のなかの光となって
ハートのなかの心地よい暖かさとなって
そして、私たちの意志の強さとなって、現れます。
内側に生きた神を見て、感謝を表しなさい。

神があなたのなかに息づくよう、神があなたを通して現れるようにと求めなさい。
神のみが、人類を変容させることができます。

みなが人生の意味を求めています。
人生の意味は、神との交流のなかにあります。

神は愛、神は愛、神は愛、愛、愛
永遠で、境界がなく、生き生きとして
情け深い神の聖霊
情け深い聖霊、高潔な聖霊
完全なる平和と喜びの聖霊
どの魂にとっても、どの魂にとっても。（1）

神は生命の光です。この光が目覚めると、あなたは直ちにこの世界を目にし、理解するでしょう。（2）

人生のどのような段階にあったとしても、子どもでも、大人でも、高齢でも、豊かでも、貧しくても、知識があってもなくても、私たちは目覚めていなければなりません。誰が私たちを目覚めさせるのでしょうか。神がそれをするのです。それはなぜか。神が生命の光だからです。この

光が人を目覚めさせ、目を開いて世界を正しく見て、理解し、その世界で務めにつくようにするのです。（3）

神は究極の現実です。光は神を表しています。その精神は、物事の内側を結びつけるものです。（4）

神はあまねく存在し、光のなか、暖かさのなか、空気のなか、水のなかにいます。あらゆるよい思考、あらゆるよい感情、あらゆる気高い行動のなかに存在します。（27X）

神は光であり、光は神が生命をこの世界に送る手段です。（106X）

光は神から来ます。光は一人ひとりの道を照らします。神から光を受け取った誰もが神を愛するはずです。（5）

それは福音書に「神は愛なり」と書かれています。神の愛は、知識と自由をもたらします。（4）

私たちが愛さなければならないのは、神を見出すためです。神は愛だからです。（93X）

ハートが愛で満たされていなければ、神を知ることはありません。(85X)

あなたが世界へ出て行くとき、つまずいたり、キャンドルの火を消したりしないよう、注意しなさい。多くの人が、キャンドルの火はなくても、つまり、神はいなくても問題がないと思っています。それは、神を否定していることになります。(87X)

神の存在を断言も否定もしてはいけません。ただ、あなたのなかに神を宿すのです。(64X)

神があなたのなかに存在するようになると、あなたをひどく苦しめ、やる気をなくさせ、不満を抱かせるあらゆるものごとが消えていきます。真の幸福が訪れて、あなたはこう言うでしょう。「今、私はあらゆることを理解しています。今、私は神が私のなかにあることを理解しています」。(85X)

愛を込めて神に仕えなさい。愛のないまま神に仕えることは、神の本意ではありません。神の祝福は、愛で神に仕える人だけに注がれます。(3)

あなたのなかに神が存在する場所を設けなさい。つまり、あなたのなかに神のための場所をつくるということです。（5）

私たちは、私たちを創造し、私たちを愛する神を愛することを学ぶために、地球にやって来ました。私たちが神をどう愛すればよいかを学べば、私たちは自らの生命の意味を理解し、他者との関係が明らかになるでしょう。（5）

あなたに愛を注ぐ存在はただひとつ、それは神です。あなたを愛する神を愛しなさい。神はあなたを創造し、あなたを愛しています。神があなたを率先して愛しているように、あなたも神を愛するのです。（5）

この神の世界で、あなたが誰かを愛しているとき、あなたはみなを愛しています。反対に、あなたが誰かを愛していないとき、あなたは誰も愛していないのです。（4）

あなたは神を愛する必要があります。あなたが神を愛さないのなら、神を理解することも、世界を創造するうえで神の手助けをする存在たちを理解することもないでしょう。神に対するあなたの愛は、あなたの永遠の生命です。希望、信仰、そして愛の三つの段階を人生の中で経るので

す。その一つひとつを通過すると、あなたは自主的に働くことができるようになります。(4)

神を信頼し、愛しなさい。そのとき、見返りを期待してはいけません。無限の信頼と無償の愛を捧げるのです。(4)

誰にも何も期待してはいけません。これまで神があなたに与えてくれたものに感謝しなさい。神に頼りなさい。内面を強くしておくのです。あなた自身の内なる衝動のままに進みなさい。それは、あらゆるもつれを解くことができます。(64X)

与えることは、偉大なる自然の過程のひとつです。世界はひとつ与えると二つ奪います。神は与えるだけで、奪うことはありません。(27X)

あなたが常に神のことを考えていれば、あなたは恩寵を受けることになります。何をしているときも、神のことを考えていなさい。(7)

あなたのなかにいて、あなたのマインド、ハート、スピリット、そして魂を養っている神が喜ぶようにしなさい。(89X)

周囲からどう思われているかは重要ではなく、神がどう思っているかが重要なのです。（18X）

私たちは人生をかけて、自分たちを神と繋ごうとし続け、神聖な愛、神聖な叡智、神聖な真実、神聖な魂、神聖な意識と常に接していなければなりません。それはみな、生きていくためのエネルギーです。神聖な意識と接しているということは、無上の喜び、幸福、力強さ、若返りを感じるということです。（50X）

生きていくなかで神聖な繋がりを持とうと懸命になりなさい。それが得られたら、壊れないように保ちなさい。壊したくないと思うなら、目覚めた意識が必要になります。（21X）

繋がりを持っていれば、どんな暗闇もあなたのマインドからなくなり、ハートに不安もなくなるでしょう。マインドに光がともり、ハートに平和と喜びが広がるでしょう。神があなたを招いたのだと理解することになります。（75X）

私たちの美徳によって、私たちは神を知るようになります。良い行いをしているかぎり、神は私たちとともにいます。私たちが罪を犯したとたん、神は私たちのもとを離れ、私たちに好きなことを自由にさせます。罪を犯すと、神が慈悲であることを知るようになります。神は私たちを判断することはありません。どう生きればよいかを教えてくれるのです。(7)

忘れないでください。自由の法則を使うのは神のみです。神は決して暴力には訴えません。神は私たちのなかのとても深いところに働きかけ、その道筋をたどることは決してできません。この道筋のなかで働き、そこから離れた人はみな、高い代償を払うことになるのです。(5)

私たちが神の御意思を成し遂げなくても、神は私たちを責めたりはしません。神は私たちが自分ひとりで自身の仕事をするようにさせます。神は私たちをただ見ていて、静かにしています。神の御意思に従えば、神はどんなときでも私たちを助けてくれます。(89X)

神の御意思はどうやって知ることができるのでしょうか。まず、それが何かを知ろうと思い巡らし、それをやり遂げなければなりません。どうすればそれとわかるのでしょうか。あなたは意識の内なる達成感を強く感じるようになりますし、その達成感を証明する必要はありません。(97X)

神に仕えるということは、神との繋がりを感じ、常にいつでも神聖な理由に対して働けるよう

にしておくことです。そこには力、豊かさ、影響力、人類に関する知識があります。（78X）

生命の美しさは、物事は私たちが手配したとおりではなく神の御意思に従って起こるという事実にあります。（56X）

あなたが感謝の気持ちを表す必要があるのは、神だけです。神はあらゆる良きことの最も重要な源です。神にのみ感謝の意を表明し、神にマインドとハートを向けましょう。（6）

崇高な戒律は、神に対する感謝と愛が常に私たちのハートのなかで弾けんばかりであることを求めています。（31X）

神は美を創造しました。神は、人々がその情け深さを知るよう、人の知恵、知性、愛、力を創造しました。（3）

神のところに行くという考えがひらめいたらすぐに、ひたすら謙虚に神に近づきなさい。神は、一番大きなものから一番小さなものまで、常にあらゆる存在について考えることができる、世界で唯一の存在です。神はそれに必要なものを予測し、それを満たします。神は愛であり、あらゆ

る存在に対して愛で働きかけます。（3）

神への道は、苦しみの道です。この道を歩むなかで神を知ることになります。あなたは神があなたに与えてくれるものだけでなく、神があなたから取り上げるものも尊重するようになります。苦しむことも、自由への道なのです。（4）

主がその槌を一部の人たちを打つことに使わなければ、その人たちは何の価値もないただの石ころであり続けることになります。（31X）

あなたが神にハートを開かないのであれば、あなたは、あなたの運命であるカルマに苦しめられるでしょう。（8）

あなたは何もかも失うかもしれませんが、神と繋がっていれば、あなたはよみがえり、再び立ち上がることでしょう。（5）

いかなるときも忘れないでください、あなたのなかに変わらないものがあることを。すなわち、あなたのなかには不変である神がいることを。（9）

偉大で神々しい生命の起源とあなたの繋がりは、神聖なものです。この繋がりを断つことは、誰も許されませんし、あなたには自ら断つ権利はありません。必ずやそれは、あなたが人生で最も複雑な状況をも解消する助けとなるでしょう。(9)

神は、一人ひとりの祈りに答え、あらゆる人に何かを与えています。悪い人が祈ったら、その人たちは善人になります。病人が祈ったら、その人たちは健康になります。良い人でも祈らなければ、悪人になります。健康な人が祈らなければ、病気になります。(5)

あなたが矛盾すること、内側の葛藤や疑念に直面したら、内なる神に向かいなさい。そうすれば、ただちに救いの手が差し伸べられます。(4)

神は無限の忍耐で、いつでも喜んで許してくれます。(7)

神は目覚めた魂一つひとつのなかで活動していることを忘れてはいけません。(4)

神は中心にあって、その周りをあなた方が回っています。あらゆるものがこの偉大で神聖な中

心の周りを回っているのです。（4）

人々は神のことを間違って理解しています。人々は、神は自分たちの外側にある天国にいると思っています。天国はあなたのなかにあるのです。（4）

キリストはこう言っています。「汝は永遠の生命で、唯一の、真の神を知るために存在します。神を知るということは、私たち自身を知るということ、私たちをこの世界に遣わした基本原理を知ること、私たちを愛し、私たちの魂に光と平和と喜びを与えてくれる唯一無二の絶対者を知ることです」（6）

あなたの内なる神に頼りなさい。務めを学ぶよう励ましてくれます。（4）

あなたのマインドとハートのドアは、いつでも神の声が聞こえるように開かれていて、神はこう言います。あなたの古い理解、古い生命から抜け出して、新しい理解、生命に移りなさい、と。（4）

どの人にも、その人だけの内なる経験があり、それによって内なる神聖な声を認識することが

できます。（3）

神に帰着するということは、あなたの内側にあるあらゆる否定的なものの消失、憎しみや妬み、疑念の消失を意味します。（10）

人は、神と繋がるようになることなしに、自らの困難を克服することはできません。（5）

あなたが、たとえ一瞬でも神と繋がるようになれば、あらゆる不幸な出来事は氷解していくでしょう。（10）

人類の力は、神の意志に従うときに現れます。私はこう言います。「神はあなたの内側にいます。神を最優先させなさい。内なる神を喜び、あなたの内側で神が働くままにさせておくのです。神は、決してあなたの自由を制限したりしません。神は、あなたが神にハートを開くことを期待しています。（5）

神の御意思は、あなたが神の世界の秩序を理解し、その秩序に従って生きることです。そのようにあなたが生きれば、あなたは、あなたが神の王国から離れていないことを理解するでしょう。（3）

神の御意思に従わない人々は謙虚ではありません。なぜでしょうか。個々に別れた部分そのものを中心と考え、その周りをあらゆるものが回っていて、その部分が望むことができないと不愉快に思うからです。その部分はこう言います。「私は、神が私のためにと私に与えてくれた良きことを利用することができます」。それが神の望み通りのものでなければ、私たちはそれを失うでしょう。(6)

神の御意思を満たす際にあなたに迷いがあれば、あなたの成長は遅れるでしょう。(3)

神の御前に出たいと願うならば、神のためにあらゆることをする準備をしておきなさい。そこに、神の意思の実現があります。(3)

あなたのなかに神が存在する場所を設けなさい。どんなに小さくても、神に由来するあらゆる意図に余地を設けておくのです。それは必ず実現します。神の意図を達成することを決して拒んではいけません。(5)

あらゆる人々、あらゆる存在が、神聖な有機体の一部なのです。(39X)

唯一神、多くの友、唯一神、多くの兄弟姉妹。神は私たちを一体化する存在です。(4)

神は新しい方法でこの世界に現れつつあります。神は私たちの誰のなかにも顕現します。神はあらゆる新しいことを創造します。私たちは新しいものを作る技術者であり、新しい人類を作る者です。私たちの内なる神を通して、さらには神の力を実行する存在を通して、私たちはあらゆることを成し遂げることができます。(12)

神の王国に住むということは、神の御意思に従うということです。(4)

あなたが内なる神を最優先させれば、神は人々と生きとし生けるものすべてを助けることができるようになります。(13)

私の役割は、生命に対する、そして人類のなかにある神に対する重要な感情を目覚めさせ、人類の内側に植え付けられている良きことと崇高さの存在を信じるようにさせることです。(27X)

人生を愛さない人は、神も愛しません。(56X)

第二章

ノエティック界

ノエティック（思惟的）と、それと同じ語源の言葉は、合理的で、賢明で、スピリチュアルな知性をも同時に意味するブルガリア人の意識を示すために用いられます。さらにノエティックという言葉は、あらゆるものの間に存在する深く内なる意味との関連性も示しています。この言葉は単なる概念ではなく、特定のレベルの存在との交信中には、神の光として経験するものです。ノエティック「noetic」という言葉は、ギリシャ語で高次の知性を意味する「nous」に由来し、思考力を意味する「dianoia」の対義語となります。ラテン語でいうと「intellectus」と「ratio」にあたります。思惟的な知識と知覚は、結合されて純粋思惟、すなわちグノーシスとなり、これに対して論理的な知識は二元的で論証的、観察されるものと観察者とを区別し、知覚されるものと知覚者とを区別します。厳密にいえば、思惟的な知覚のみがエピステーメー（ある時代の認識の総体）または知識に至り、これに対して論理的な知覚からは意見がもたらされます。思惟作用という言葉は多少とも冗長になってしまい、知的なという言葉は、なんとなく論理的な活動を指します。ルネ・ゲノン、フリッチョフ・シュオン、ホセイン・ナスルといった永遠の哲学者は、妥当な形の知識のみに感覚が介在したと主張し、理性主義と十八世紀の啓蒙運動がどのようにして超感覚的な認知の体系的、定言的な否定に至ったかを指摘してきました。

今の時代、神という言葉は、深い意味を失ってしまいましたが、この神という言葉によって私たちは思惟の原理を理解し、この原理が世界を創造し、生命が現れるのに必要なあらゆる条件をもたらし、全人類と森羅万象を導いています。この偉大な思惟の原理は、森羅万象を貫いて浸透し、その内側にも外側にも働きかけます。それは人類にも大きな影響を及ぼします。物質界での光の意味は、全宇宙、森羅万象に対する威厳ある思惟の原理と対応しています。(14)

神という言葉は、物理的法則、精神的法則、そして神聖な法則を調整して調和させる思惟の原理を示します。(14)

神の世界は完璧な世界であり、調和の世界です。(95X)

神の世界は最も美しい世界です。人々はその美しさを想像することができません。そこに住む存在たちは美しく、賢明で、知性があり、幸せを感じています。それ以上に懸命で、美しく、知性があり、幸せな存在はありません。最も賢明な存在は、神の世界に住んでいる存在たちです。その存在たちにとっては、神の世界に入る以外に道はありません。神の世界の外側に幸せはありません。（3）

神聖な生命は、その類まれなる美しさと厳かさの点で、ほかとは明らかに異なります。神の世界に余分なものなど何もありません。そこには、あらゆるものがあります。天国を旅する人は、そこに存在する者たちがみな同じ人にしか見えないほどそっくりなため、道に迷うかもしれません。友だちを認識する唯一の方法は、その人に対する愛です。（3）

神の世界では、物事は厳密に決められています。あらゆるものに正確な時間、場所、手段があります。そこでは、機械的に起こることは何ひとつありません。ひとりが食事をしても、みなが食べているのと同じです。そこに妬みはありません。霊界ではどこでも、午前中に買ったものは、夕方には使い切っています。余った物はすぐにみなで分け合おうとするのです。神の世界に保険はありません。地球での秩序と神聖な世界での秩序は、根本的に異なります。神の世界の法則に従って行動したいと思ったら、どの人もその法則を理解し、それに従って生きるよう心づもりをしておかなければなりません。（3）

神聖な知識を吸収するだけで、ほかの人たちに伝えないのは、死の条件を整えていることになります。神の世界の法則のひとつに、「自分に必要なものは保ったまま、自分が受け取ったものをほかの人に分け与えなければならない」というものがあります。(56X)

神の世界では、種に価値があります。天使界では花と茎が、人間界では実が重要です。種には無限の生命、永遠不滅が隠されています。(4)

神の世界にはひとつの方向、ひとつの点、ひとつの源しかなく、そこからあらゆるものが生じます。この点は永遠の地、オリエントと呼ばれ、永遠に太陽が昇る点です。(3)

どの理性的《ノエティック》な存在も、神聖なエネルギーの指導者です。(15)

内なる理性的《ノエティック》なものは、容易にあらゆる困難な状況を解決します。それは、自然の力のバランスを取ります。(14)

理性的《ノエティック》な生活には矛盾がなく、完全に調和がとれ、完全にまとまりが取れています。外側の状況から受ける影響と、内に秘めた可能性のバランスがとれると、すぐにでも神の世界の領域に入り、その世界に導かれて生きることになります。そのような状況下でのみ、生命は十分な意味を得ます。(17)

理性的《ノエティック》という言葉は、森羅万象が一貫してとぎれず繫がっていることがわかるような現れ方を示すものであり、それがわかる人は、理性的《ノエティック》な人と言えます。善悪両方によって動いている神聖なものを見ているからです。(6)

理性的《ノエティック》な人が明らかに異なっているのは、善と悪のエネルギーを等しく十分に使っているということです。(46X)

アイデアは、成長して実を結ぶために蒔かれなければならない種です。理性的《ノエティック》な原理は、成長にふさわしい肥沃な土壌にアイデアを植えるよう求めています。善良な人は肥沃な土地となり、耕した土地に神聖なアイデアという種を蒔くことができます。神に捧げる神聖なアイデアの種は、好ましくない条件下に蒔いてはいけません。(3)

愛が訪れたら、その人は内側の拡大を感じ、自分自身、自分の家族、社会、国、全人類、そし

て世界の理性的《ノエティック》な原理、すなわち神に仕える準備ができます。理性的《ノエティック》な原理に仕えるとは、全体に仕えるという意味です。(14)

全存在の意識を導く理性的《ノエティック》な意識、という内なる法則があります。このきわめて重要な意識は、周りのあらゆる意識を導いており、生活を送るうえでそれぞれにふさわしい場所を定めます。(6)

人には自分が好きにできる良い条件と可能性があるかもしれませんが、理性的《ノエティック》な能力が十分でなければ、その人は何も達成することはありません。良い条件と可能性という原料があっても、そこから何も生みだせないということです。理性的《ノエティック》な能力または神聖な力の助けを得たらすぐに、原料を組み立てて価値のあるものにすることができます。(14)

理性的《ノエティック》、すなわち力としての正しい思考は、神の世界と関わっています。自由に使える状態にある人は、人生のあらゆる矛盾から免《まぬが》れます。理性的《ノエティック》な能力の助けを借りて、どんな問題も容易に対処し、人生を調和的なものにします。(14)

つまり、この世界で私たちは生きた理性的《ノエティック》な力を使って働いているため、どうのように生き、

どのように行動するかを教えてもらえます。(6)

光り輝く理性的《ノエティック》な存在はみな、光を通して現れ、奉仕しています。崇高で愛のこもった魂はみな、温もりによって姿を現します。(27X)

天使たちは、植物を通じて人々と繋がっています。植物は天使の子どもなのです。大天使たちは哺乳動物を通じて人々と繋がっています。このため、植物や動物に対する人々の姿勢は、天使や大天使に対する人間の姿勢を表すことになります。(39X)

人はみな、特別な保護を受けています。人類はみな、理性的《ノエティック》な存在に囲まれ、守られているのです。この世界で孤独な人はひとりもいません。人々は気にかけてくれる存在たちに囲まれているのです。(26X)

人生に意味を与えるものは、物質的な豊かさではないことを覚えておいてください。人々は内なるスピリチュアルな豊かさに向けて努力しています。そのため、人々はノエティック界との結びつき、進歩した存在たちとの結びつきを必要としています。本当の豊かさは、偉大な魂のなかに隠れています。少なくともひとつの偉大なスピリットとの繋がりなしに、進歩する人はいない

のです。（58X）

厳密にいえば、音楽、詩、そして芸術は、この世に存在しているものではありません。それは神の世界を反映したものです。そのため、神の世界と繋がっているかぎり、人々は音楽家にも、詩人にも、芸術家にも、科学者にもなれます。（86X）

誰もが地上に天国の到来を望む必要があるのです。誰もが神の御意志がこの地上で遂げられるよう望む必要があるのです。誰もが叡智の側に立ち、光と智慧が訪れることを望む必要がありま す。誰もが真実の側に立ち、自由を手にしたいと望む必要があります。これが、みなさんが人間の霊的な面の伝達者となり、あらゆる難局を乗り切る唯一の方法です。みなさんは実行に移すための使命を任されています。神はすでに、みなさんに素晴らしい身体と、素晴らしいマインドと、気高いハートと、強い意志を与えていて、その素質を維持しなければなりません。神はほかにも強いスピリットと偉大な魂を与えていますので、みなさんは神の御意志を喜んで愛を込めて行わなければなりません。このことを悟っている人はこう言うはずです。「私たちはあらゆる目覚めた魂とともに役割を果たします。地上に天国を迎えるために」。あらゆる目覚めた魂がこの方法で役割を果たすよう、世界のどこにでも問題というものがあるのです。（9X）

第三章

神聖学校、マスター、弟子

ブルガリア語の「uchitel」は教師という意味であり、マスターという意味でもあります。マスターという言葉は、東洋の言葉でいうグルに近いのですが、新約聖書には出てきません。「はじめに（P18〜）」からもわかるように、ベインサ・ドウノは本当の意味でマスターでした。「uchenik」という言葉は、生徒と弟子のどちらの意味にもなります（この単語自体が「学ぶ」という意味のラテン語に由来します）。弟子はスピリチュアルの見習いのようなものです。私は本書では、生徒ではなく弟子という言葉を使っています。スピリチュアルな意味が含まれているからです。しかもこの言葉は、ベインサ・ドウノが精神修行のほかの段階に関して厳密に定義しています。弟子とは、意識的に自己完成に向かって歩を進める人のことです。

ベインサ・ドウノが一九二二年に正式に開校した神聖学校の真髄は、「古い生活を新しい生活に変容させる方法と規則」を伝授することであり、神聖な教えを日常生活のなかに取り込むことでした。得られた知識は、本書にのちほど出てくる抜粋にみられるように実践的であり、ギリシャ語で見えることという意味の「theatre」と同じ語源の「theoria」からわかるように、（本当の意味で）理論的でもあります。さらにその知識は、理解と叡智につながり、生活に応用して自己完成と浄化が少しずつ進んではじめて、真の意味で理解することができます。

マスターは神の霊媒者であり、神の化身でもあります。すなわち、愛、叡智、真実、美、平和、喜びの表れです。とはいえ、最高位のマスターは神であり、「内側の一つひとつの魂、一つひとつのハートに話しかけます」。ベインサ・ドウノが言うように、「数世紀にわたって話をする絶対者は常に不変です。いつのときも、どんな場所でも、神は人類に正体を明かします。現れる姿やかたちは異なりますが、神は一者です」。マスターは一切の汚れなく、神聖な手本として生活し、必要とあれば自然力を支配することができます。象徴的な意味では、マスターは生ける水の源であり、生ける光の栄光であり、生命、光、そして自由の伝達者です。「魂に自由、マインドに光、ハートに清らかさを」。

弟子とは人間の発達の第四段階であり、魂がスピリチュアルな意識に目覚め、全体の利益のために働きはじめた瞬間です。人の第一の部類は旧約聖書の人であり、単に自らのために富を集めて働き、人生の禍に苦い思いをする人です。第二の部類は新約聖書の人々で、共感と思いやりを求め、苦しみや困難に見舞われたらすぐに優柔不断になり、絶望に屈するのです。第三の部類である公正な人々は、敬意を求めています。この人たちは挫折に悲しみ、個人の尊厳を傷つけられることに敏感です。この人たちは、自分が尊敬されること、自らの行動を正しく評価されることを望んでいます。

豊かさも、共感も、正しい評価も、尊敬も求めないのは弟子だけです。弟子たちは、困難は解決する必要のある深刻な問題であり、人生について考えるための機会であると考えています。弟子たちは他人を批判したりしませんし、他人の失敗のことで頭がいっぱいになることもありません。神はもう、旧約聖書の復讐の神ヤハウェではなく、キリスト教信徒の属性でもある愛、光、平和、そして喜びです。キリスト教信者は道の途中で厳しく試されることになり、絶え間なく努力して、スピリチュアルで緩やかな坂道を登らなければならなくなります。「弟子は人格を強化して意識を目覚めさせるために、厳しい試験を受けることになります。試験のない人生では、魂が活動しなくなります」。

神聖学校

神聖学校は弟子に対して、ご来光の神聖な光線によって最初に照らされる、神聖な高い山頂に登る正しい道を示します。(17)

偉大な生命科学に属するオカルト科学はみな、人として正しく発達するために必要な条件として、人のマインドの啓蒙と、ハートを気高くすることをその目標としています。この点から、人はマインドとハートによって自らの生活が整えられるはずなのです。（6）

神聖学校は、そこで学ぶ弟子たちが、自然界の理性的《ノエティック》な力の礎石となるように育成しています。（13）

過去のある預言者は、弟子であるという考え方を違った方法で表現し、「新しい人生を得、神について学び、神が求める条件に従って生きることになる」と言いました。これは真実です。新しい人生、新しい仕事はあなた方の目の前にあります。この偉大なる法則に気づく――つまり、偉大な人生の書を読んで学ぶ、偉人の人生について学ぶ――と、それがあなたにとって貴重な指針になってくれます。新しい科学は、この先の人生の素晴らしい生き方と、新しい方向を明確にするものです。神に仕えることを決めて悟った人だけが、未来を知ることができます。素晴らしい未来はあなたの前に広がっているのです。（6）

神聖学校の目的は、古い人生を新しい人生に変容させる方法と規則を教えることです。（18）

神聖学校は、あなた方の苦しみを取り除くのではなく、苦しみから自らを救い出す方法を指し

示すよう企図しています。(17)

神聖学校では、アチューメントを行うことと、不調和で否定的な状態から自ら回復させることを目的として歌を歌い、楽器を演奏することを推奨しています。歌と演奏を行っているかぎり、私たちのエネルギーはプラスに高まっています。(19)

神聖学校は、あなた方が過去を正すことができるようになる知識を授けるところです。(17)

今生の意義は、知識の獲得です。(15)

多くの人が学び、聖職に任命された人々が研究している、ただひとつの神聖な科学があります。彼らは人生の神聖な面を学び、その宝典を紐解いて、その新しい知識と理解を世界に示します。(6)

人々は、自らの思考と感情を整え、スピリチュアルな向上を始めるために、知識を必要としています。(27X)

どんな人も、今この瞬間に届く一定量の新しい知識は持ち合わせています。それでも、その知識を維持するだけでは十分ではありません。絶えず生じている新しい知識を受け取る準備ができていて、常に新しい知識を得続けないといけません。人生のあらゆる事柄は不変で、途切れなく進歩しているからです。(14)

知識に愛がないと人は傲慢になります。知識に愛があれば、人生が彩り豊かで重要なものとなることでしょう。(27X)

知識はおのずとついてくるもので、人は学ばずして知識を得ると考える人もいます。それは誤った考えです。人々は物事を観察し、検討して凝視して、前向きな本当の知識に辿り着くまで、天と地、太陽、月と星々、植物、鉱物、そして動物をよく調べなければなりません。知識には二種類あります。ひとつは、重労働によって得られ、もうひとつは愛によって得られるものです。その知識が愛によって得られているのであれば、本物です。そのような知識があれば、その人は内に蓄積された力、自然の偉大さ、創造主の偉大さに気づきます。そのことを知るに至った人は、非の打ちどころがありません。(3)

意味というものは、物事を知ることにあるのではなく、その物事を理解することにあります。(56X)

この新しい前向きな知識があれば、歩む道に横たわる困難に打ち勝てるように、自分の個を築け、向上できるでしょう。（17）

博識な人とは、理論的な知識を有するだけでなく、生活術にも長けている人のことです。（39X）

オカルト学校で行われる講義は、特別な方法で学ばれなければなりません。一つひとつの講義から最も重要な部分を抜き出し、自らの人生に応用しなければなりません。（6）

知識がある人たちは、知っていることを応用するように努めることで、自分を完成させていくのです。（46X）

毎瞬、毎時、毎日、どんな小さなものでも何かを受け取ろうとしなさい。そのようにしていれば、数年のうちに知識ははるかに増えるでしょう。（56X）

どんなオカルト学校でも、知識を実践的に応用することに大衆の興味がわくはずです。（6）

神聖な教えには、人生に応用できるものがあり、そうしなければなりません。あなたのなかに神聖な愛があれば、あなたはこの世界に自分自身と調和する人たちがいること、そしてその人たちがあなたに協力してくれることに気づきますが、あなたは神に仕えなければなりません。（6）

マスター

マスターが地球にやって来ても、自ら語ることも、自らの名で語ることもありません。自分を地球に遣わした神の名のもとに語ります。人々がマスターの言葉から得るものがなければ、残念なことです。二千年後、そのマスターが再び訪れ、次のように問いかけるでしょう。「なぜ二千年前にマスターの声に耳を傾けなかったのですか。その言葉に従っていれば、今、苦しんではいなかったでしょう。聞いてはいても、マスターの言葉を理解できていないのです」。（3）

マスターは、愛を顕現するために降りて来ています。これは外部に生じる一連の作用ではありません。純粋な愛の流れが、マスターを通して生きとし生けるものへ向かっています。つまりマスターは、自分が生きている光と喜びのなかに魂たちを引き付けたいと思っているのです。（20）

マスターは、人類が元気を出して進歩するよう、荘厳で光り輝く考えをこの世界にもたらします。(27X)

この世界には、マスターの弟子として四つの存在があります。愛、光、喜び、そして平和です。その弟子たちのいずれかがあなたにマスターを勧めたら、あなたはマスターの学校に迎え入れられるでしょう。すべての弟子があなたを信用すれば、マスターは学校のドアを開いてあなたが自由に入ることができるようにし、あなたにご加護を与え、ほかの弟子たちにあなたを紹介するでしょう。その瞬間から、あなたはその学校への入学が認められるのです。(6)

私たちがマスターのことを話したら、それは、地球上の生きとし生けるものに知識、叡智、幸福、そして至福を与える際に表現される偉大な無限の愛を意味します。マスターは毎日、他者のことを考えています。どのように形作るべきか考えています。人々のため息を聞いていて、一日中、その人たちの生活をどう改善すればよいか考えているのです。そのような人が偉大なマスターであり、私たちはみな、マスターの考え、感情、そして行動を表現したいと思っています。(65X)

いかなる発達段階にあっても、どんな世界にいようとも、教師というものはみな、自らの弟子

たちに、役割を果たすための道、方法、そして要素を与えなければなりません。（6）

マスターの要件とは、人々が自らのハートとマインドのなかに新しいスピリチュアルな居住空間を築く方法を教えることができることであり、マスターとは、人々の身体を良好な状態に戻す要素を深く理解している人物です。（31Ｘ）

マスターは何が違うのでしょうか。マスターは光と闇のどちらにも、天国にも地獄にも住むことができます。また、存在の法則の主でもあり、その法則を意のままにできます。（27Ｘ）

マスターは、その言葉の意味の通り、透明な水のように純粋でなければなりません。あらゆることの模範である必要があり、優柔不断さも、曖昧さも、不信もあってはなりません。（31Ｘ）

マインドのなかに基本原理の神聖な観念を思い描き続ければ、毎日、毎時、内側から話しかけてくるマスターと繋がっていられるでしょう。（39Ｘ）

内なるマスターは毎分のように私たちに囁いていて、うまく行動できているかどうか、務めを正しく遂行しているかどうかを教えてくれています。（26Ｘ）

マスターの声と提案には違いがあります。提案は妨害になる物理的な働きかけです。マスターが話をしているとき、弟子は元気づけられます。自由はいつも、マスターの話のなかにあり、弟子はマスターの助言を受け入れるのも拒否するのも自由です。マスターは誰にも強要はしません。(39X)

マスターの近くにいると、あなたは健康を取り戻し、ハートは静まり、マインドはさらに晴れやかになります。本当に善良な人で、この人こそマスターだと思うでしょう。ですから、弟子になりたいと思った人がまず求められることは、自分のマスターを絶対的に信じることです。(13)

あなたは独りでマスターのところには行けません。あなたをマスターのところへ導いてくれる弟子がいなければなりません。一人の弟子がもう一人の弟子をそこへ導くのです。それと同じように、私たちを神のところへ導く誰かがいなければなりません。(6)

弟子よりも大きな道があります。それはマスターの道です。しかし、弟子の道を理解すれば、マスターの道を理解できるようになります。弟子の道を通り抜けなければ、マスターの道にはいつまでたってもどうやっても近づけません。(6)

マスターであるということは、第一義において、高次の意識による行為であり、純粋な非物質的な過程です。マスターも弟子も、実行しなければならない務めに十分に気づいているはずです。マスターと弟子とは、母と子のように完全に通じている必要があり、マスターは確かな真実をはっきりと口にし、弟子は必要とあればそれを活かさなければなりません。（31X）

弟子

弟子とは、次のような特質があるといえばよくわかるでしょう。見る者の目を刺激しない穏やかな光を放ちます。耳障りでない優しい調子の声で話します。胃にやさしく、味覚も損なわない食べ物を与えてくれます。いずれも、文字通りに理解されるのではなく、精神的な意味で理解されるものです。あなたがあらゆる矛盾を払拭する喜びを体験するのであれば、それまでにあなたが弟子が送るような人生をほとんど経験してこなかったということです。この喜びを感じるということは、弟子としての素養があるということです。（6）

弟子は、地球に神の王国が訪れることに対して心構えができています。（6）

弟子が進む道は、愛、光、平和、そして喜びの道でなければなりません。（6）

弟子は意識的に神に仕えています。（11）

神聖な愛は、神聖な叡智を学ぼうという強い衝動を起こさせます。あらゆるものの背景にある原理原則を学びなさい。現在あなたが達成しているものはみな、今後役に立つでしょう。（11）

忠実さは弟子に第一に求められる素質であり、弟子は本質的に理性的《ノエティック》な原則に従わなければなりません。（13）

弟子はまず神のために、次に魂のために、そして隣人のために生きなければなりません。（23）

弟子は、知識、自由、そして愛を獲得するために高い理想を掲げなければならず、何があってもこの強い願望から気をそらせてはなりません。（16）

弟子が人生の法則を理解して応用することは、とても重要です。（6）

弟子は理論的で実践的な生活の知識を持っていなければなりません。あなた方は学校で身につけたものを残らず応用し、自分で試さなければなりません。新しい教えと新しい生活があなたのなかで具象化しますように。(6)

この偉大な学校ではどの弟子も働かなければなりません。キリストはこう言います。「私の父は働き、私も働きます」。働かない者に、人生の財産を得る権利はありません。働くことは創造することです。弟子は働かないことを許されていません。(16)

私は、神がその御意志を行うように私を地球に遣わしていると知っているため、神の望む通りにしなければなりません。弟子であるということは、意識的に神の遣いであることを意味し、学び方を知っているということです。(107X)

弟子は超科学を学ぶ必要がありますが、正統派科学を無視してはいけません。超科学の第一段階であるからです。超科学は、人類の運命を導いている進歩した存在によって与えられています。正統派科学も価値はありますが、その学びは生命と自然の外側に限られてしまいます。(13)

弟子たちは、あることを求めます。それは、彼ら自身の気分を理解し、それが自分自身のものなのか、よそ者のものなのかを区別すること、さらにはその出所を明らかにすることです。弟子たちは内側の分析をし、自らの気分をすべて調べる必要があります。(76Ⅹ)

愛、光、平和、そして喜びは、神聖なスピリットの果実です。それは弟子が道の最初に学ぶ四つの主題です。(6)

あなた方はオカルト学校の弟子として、数字と数式に取り組む数学者と全く同じように考えるようにならなければいけません。使う言葉はどの一語も、それが意味することを明確に表現する必要があります。(18)

まず弟子に要求されることは、内なる真実のための場所を自らの内側に作ることです。(18)

弟子たちは、自分自身の望みを変容させることを学ばなければなりません。どんな望みもスピリチュアルな力に変える必要があります。これがどうしてもできなければ、あなたの人生はその意味を失い、単調なものとなります。人生に意味づけをし、そこに何か新しいものをもたらすことは、私たちの責務です。私たちのなかにあるスピリチュアルな要素は、私たちの人生を形作り、意味づけをします。(16)

弟子の基礎的な資質のひとつは、あらゆる存在たちと繋がり、ものごとの仕組みのなかでその存在たちに価値があると知る能力です。(13)

恐れは弟子の生活のなかで最大の障害であり、取り除かれなければなりません。(25)

弟子はあらゆる障害を克服することができるのです！　弟子たちはすばらしく謙虚で、あらゆることに対してすばらしく敬意を払っているという特徴があります。彼らは常に末席にいて、自分自身のことを考えず、常に自己を犠牲にするつもりでいます。(6)

あなた方のなかには、オカルト学校の弟子と普通の人との違いは何かと問う人もいるでしょう。その違いは、オカルト学校の弟子は人生のあらゆる困難を克服するという事実にあります。弟子にとって、真実は理想であり、叡智は目的であり、愛は実現です。(25)

オカルト学校には、弟子が意志を強化するために克服すべき困難があります。弟子が内的生活と外部と接する生活を調整している法則を知るに至ると、大きな重荷が取り除かれ、学びがはるかに楽になります。(11)

弟子は、あらゆる行動が天性の記憶に記録されていることを知る必要があります。(17)

弟子は、どの瞬間も良い行いができることに気づいている必要があります。このことは、神聖な内面の意識が優先されることを意味します。(13)

弟子の道の途中にある障害は、成長に必要なものです。人生でその障害を乗り越えていくなかで、弟子はマイナスの力をプラスに変えます。(9)

弟子は忍耐力を養う必要があります。(17)

オカルト学校の弟子たちは、常に自分たちの期待ゆえにつまずいてきました。弟子たちはすばらしい結果を期待してはいけません。どんな結果も常に微細です。期待していることは、めったに起こりません。(68X)

弟子たちが見えない世界に助けられているときは、その者の身に起こる事がことごとく前進します。あなたが務めを果たしたいと願うのであれば、必要な努力をするのです。そうすれば、見

えない世界があなたを助けてくれるでしょう。(45X)

弟子は約束を守る必要があります。約束が与えられれば、それをやり遂げなければなりません。約束することは、自分の内側の神聖な面に約束をするという意味です。約束を先延ばしすることは許されても、約束を変更することは許されません。弟子が約束を守らなければ、内なる平和が乱されます。(25)

弟子たちは、自らの欠点に気を取られることも、他人の欠点に気を取られることもあってはなりません。彼らが誰かのことをよく知ろうとするのであれば、その人の内側に良いことを見つけ出す必要があります。良いことは内側深くにあり、見つけ出されなければいけません。(28)

オカルト学校の弟子は、直観力を十分に発達させている必要があり、それゆえそれに取り組む必要があります。直観は弟子の人生のなかで大いに役立ち、それによって、多くの不運とトラブルを回避することができます。(6)

弟子であるならば、弟子の道とは何かをはっきりと知っていなければいけません。私たちは、人々の誤りや欠点とは何の関係もありません。それは私たちのために存在しているのではありません。私たちが関わっているのは、ひとつの正しい人生、愛の人生だけです。つまり神は、愛の、光の、平和の、喜びの神です。つまりそのいずれもが弟子の資質です。現状の生活であなたの理想は何かと問われたら、私なら、あなたの理想はすべての魂にとっての愛、光、平和、そして喜びであるはずですと答えます。これは未来永劫にわたっての理想ではなく、今日にも達成しうる理想です。(6)

まず、オカルト学校の弟子として、あなた方は知り得た神聖な知識を護る方法を知らなければならず、売りに出すようなことをしてはいけません。知識は熟した果実です。この果実は、自らが味わう前に誰かに与えてはいけません。(6)

弟子たちは、自分がどの世界に住んでいるか、物質界なのか、霊界なのか、神の世界なのか、を知っておく必要があります。彼らが神の世界に入るとき、その意識はイモ虫から蝶へ、つまり、制限のある生活から自由な世界へと広がります。(26)

弟子たちは、魂に隠された力を持っていなければいけません。起こりうるあらゆることを予知しなければなりません。つまり、目覚めた意識で常に油断せず、警戒していなければなりません。(6)

弟子であるならば、不満を一掃するべく自分自身に取り組まなければなりません。努力はしても、無理をしてはいけません。人々は努力をすれば勝利しますが、無理をすれば敗北します。（3）

弟子に課された仕事は、邪魔になりかねない余計な思考と感情を残らず追い出すことです。（76Ｘ）

弟子が最も基本的なことをマスターに尋ねなければならないとしたら、それは何でしょうか。彼らはこう言う必要があります。「マスター、あなたの道をまっすぐに進む方法、あなたと同じように神を知る方法をお教えください。あなたと同じように神に仕える方法をお教えください。あなたが神に対して、あなた自身の魂に対して、そして周りの人たちに対して抱いているその愛を得る方法をお示しください」。（39Ｘ）

キリストはこう言います。「私の声を聴く者たちがその墓から出て、復活するその日が来ようとしています」。誰がこの声を聴くのでしょうか。弟子たちだけです。弟子たちだけがよみがえり、弟子たちだけが生き返り、復活します。新たな生命、復活は、彼らだけのものです。弟子たち、未来の人々、新しい文化の人々のためだけのものです。彼らは神の王国の働き手なのです。彼らは新しい人種の人々であり、そこに属する人々はみな強力なマインド、ハート、魂、そしてスピリットを宿しています。また、神の王国を地上にいずれ復活させ、こう言うでしょう。「私たちはみな、神が私たちに与えたもうた愛、光、平和、そして喜びに生きることができるのです。」(6)

マスターが弟子たちに与えた規則二十箇条

一．弟子の道は夜明けの道です。愛をもたらす永遠の光の道です。

二．弟子は、常に姿勢をまっすぐに保つ必要があり、そうすることで緊張感を持ち続け、働くことに楽しさを見出します。

三．弟子たちは、常に良い行いをする可能性があります。良い行いをすることが、弟子たちの生きる目的です。

四．弟子たちは、誘惑にかられることによって、自らの確信が試されます。

五．弟子は、忍耐力と警戒心を強化して、難しい試練に耐えなければなりません。試練のない人生は、眠っている魂のための人生です。

六．弟子は、表面の見た目や形に騙されず、物事の核心を探し出す必要があります。

七．弟子は、独りで祈ります。祈りに集中し、言葉をハートに留める必要があります。

八．弟子は、導きの感覚を養うために、熟考する必要があります。

九．弟子は、内面を強くするため、ある程度の閑居が必要です。

十．弟子にとって清らかであること以上に良いものはありません。弟子たちが愛するとき、純粋さが得られるはずです。愛は清らかさのなかでのみ明らかにされる力です。

十一．あなたが神と繋がれば、衝動は感じなくなるでしょう。

十二．オカルト学校の弟子たちは、神聖な摂理については、いかなる疑いもマインドに入り込む隙を与えてはいけません。弟子たちは、自分たちが辿る道がまっすぐなものであることを知っています。

十三．疑いは弟子の問題であり、正しく解決されなければならない類のものです。

十四．愛の法則は、あなたが愛しはじめたらすぐに、あらゆるものがあなたに向かって光り輝くようになることを定めています。このため、あなたは愛の領域にいることを理解するようになり、そこに疑いの余地はありません。愛のなかに疑いなどないのです。

十五．弟子の最初のテストは疑いのテストです。ですから、あなた方は疑いながら一夜を明かし、独りで克服しなければなりません。

十六．弟子は、疑いを経験しなければなりません。それを超えて、向こう側の端に辿り着かなければなりません。弟子たちは、夜の北極（しかも夜は六カ月続く）にいることに気づいても、その法則を理解しなければなりません。その夜は耐え抜かなければならず、弟子たちはその間ずっと足を踏ん張って立っていなければなりません。その闇と内なる光の消失の期間が過ぎ去ると、悟りが訪れ、光り輝く日と聖別（神学用語。神聖な用にあてるため、物または人を一般的・世俗的使用から引き離して区別すること）も訪れます。

十七．弟子は、あらゆるところで、あらゆる人のなかに、良いことを見る必要があります。あらゆるところで犯罪、欠点、短所を目にする人々は、ハートが腐敗しています。ハートに悪魔を宿しているのは非常に恐ろしいことです。

十八．弟子たちが世界に誘惑されているかぎり、神を口にする資格はありません。魂のなかにいくばくかの光が生じるよう、多少の闇は外側から抜け落ちる必要があります。内なる光が少しでもあってはじめて、キリストの愛は生まれます。弟子たちは世界の光に頼ってはいけません。弟子たちは、自らの魂のなかにある光に留意し、守らなければなりません。

十九．弟子は、世界と神と同時に親しくなることはできません。弟子が神を愛するのであれば、世界は闇になり、徐々に消えてなくなります。その間、弟子はもうひとつの世界（光、平和、そして喜びの世界）にいることになり、そこではマスターの言葉が聞こえるのです。

二十．弟子の道は、常に苦難がありながらも楽しいものです。上昇の道だからです。（21）

第四章
人生の基本原則

ベインサ・ドウノの教えの核心は、愛、叡智、真実の原則にあります。

神は愛であり、叡智であり、真実です。キリストは神の化身です。
キリストは神聖な愛であり、神聖な叡智であり、神聖な真実であって
いずれも男女ともに生活のなかで実践し、応用しなければならないものです。
私たちは愛であるキリストを説き、それがあらゆるハートを支え、満たします。
私たちは叡智であるキリストを説き、それがあらゆるマインドを照らします。
私たちは真実であるキリストを説き、それが世界を解放し、上昇させます。
愛は嫌悪、暴力、殺人を一切許しません。
叡智は無知、間違い、闇を一切許しません。
真実は、嘘、奴隷、罪を一切許しません。

この三つの原則より偉大なものはありません。これ以上に確実でまっすぐな道はありません。この三つの原則のなかに、世界の救済があります。

式文で表すと次のようになります。

愛は生命をもたらす
叡智は光をもたらす
真実は自由をもたらす

キリスト教の教えにあるように、本質は愛です。ベインサ・ドウノは、愛の顕現を四段階に分けています。それは、ハートのなかの強い願望、魂の感情、マインドの力、そしてスピリットの原則、です。ベインサ・ドウノの形而上学では、人類の四つのレベルのように、ハートは魂と、マインドはスピリットと対応しています。愛の表現は、独占的から包括的、ふたつの単体の輪からあらゆるものを包み込む神聖な愛の輪に移ります。愛の最初の二段階は物質的、残りの二段階は神聖なものです。

さらに具体的には、ハートのなかの強い願望としての愛は木の根に相当し、情緒的な愛の芽生

ハートの強い願望	根	個人の情緒
魂の感情	枝	兄弟姉妹のような関わり
マインドの力	花	神聖な本質の顕現
スピリットの原則	果実	至上のハーモニー

えです。魂の感情としての愛は枝に相当し、神に向かって伸び、兄弟姉妹のような親しさで表されます。マインドの力としての愛は、つぼみや花に相当し、神聖な理由のために生きる準備ができており、それを守る心得ができている人たちにみられる愛の進化形です。シュバイツァーやガンジーなどの聖人や天才は真実を理解して、それを生き延び、必要ならばどんなものも犠牲にしています。力としての愛は、人類の文化を通じた直観として強力に共鳴します。キリスト本人ほど、この点に関して影響力を持っている人はほかにいません。最後に、スピリットの原則としての愛は果実に相当し、最高にしてすべてを包み込むハーモニーですが、今までこの世界に現れたことはほとんどありません。

以上のことをまとめると、上のようになります。

愛

愛は、理論的に説明できない原理であり、そうであるがゆえに理解され

ません。（3）

愛は生命の本質です。（29）

愛が人類に命を与えます。（90X）

愛は私たち人間が存在する生活環境そのものであり、愛なしに私たちが存在することはできません。（76X）

愛は、生きとし生けるものに流れる特別な宇宙エネルギーです。（7）

物質はその粒子間に存在する愛によってのみ繋がっていて、愛が粒子同士を引き寄せています。（108X）

愛は私たちが入る最初と最後のドアです。愛したり愛さなかったりの繰り返しは、小さな光の反射にすぎず、人生のどんな問題も解決しません。あらゆる人生の問題を解決する唯一の愛が、神聖な愛です。それ以外のものも価値はありますが、それは、神の愛が人生の中心に留まってい

る場合にのみ存在します。（3）

愛あるところに、生命があります。愛がなければ、生命は消えてしまいます。愛の到来は魂の復活を意味します。愛に辿り着いた人はよみがえり、愛を失った人は死ぬのです。（3）

ですから、私たちの人生には愛以外に土台になるものはありません。しかも、神を愛することを始めないかぎり愛を得ることはできません。私たちはまず神を愛さなければなりません。神を愛さなければ、人を愛することはできません。（6）

人の愛は部分的であるのに対し、神の愛は完璧で完全です。完全というのは、欠けるところがない、あらゆる種類の意識が統合しているということです。あなたがどんな人をも愛するのであれば、その人たちの意識はあなたの愛を受け取って、あなたの意識と融合するでしょう。そうやって、意識が統合されるのです。（6）

愛はあらゆる存在の善良さを包含しています。（30）

愛は常に自身ではなく、他者の善良さを尊重しています。（30）

隣人を愛するということは、その人たちの内部に向けて、自分自身のために願うあらゆる正しいことを与える、ということです。(9)

あらゆる人たちを魂として愛そうとしなさい。宝石商人が普通の石のなかから貴石を見つけ出して高値で販売するように、人々のなかに偉大さと美しさを見つけなさい。人の魂のなかにあるごくわずかな光こそが、貴石なのです。その石を見つけ出し、しかるべき場所に置き、ふさわしい価値を与えるのです。これはその人を高めていることになります。(27X)

人を愛するというのは、決して押し付けないようなかたちで行動するということです。私たちは、どのようにこのことを理解するのでしょうか。その人たちが食べているパンは絶対に食べてはいけません。その人たちが飲んでいる水は絶対に飲んではいけません。その人たちが住んでいる家を決して欲しがってはいけません。その人たちの服も靴も帽子も決してうらやんではいけません。その人たちの道を決して横切ってはいけません。その人たちの席に決して座ってはいけません。これが愛の意味です。(9)

あなたが誰かを愛するとき、その人の良いところを決して悪用しないことを覚えておくことが

必要です。（58X）

人々は愛の段階、すなわち動物の愛、人の愛、天使の愛、最終的に訪れる神聖な愛を観察して学ぶ必要があります。物質的な人生にのみ興味を示しているうちは、その人たちは動物の愛の範囲内にとどまったままです。物質的な人生とスピリチュアルな人生に興味を持てば、人の愛の範囲内にいることになります。人生から情熱が消え去ると、天使の愛に到達します。最後に、生命現象の根底にある原因を人々が理解すれば、その人たちは神の愛のなかに入るのです。（29X）

愛よりも美しく、力強く、高貴なものはありません。（6）

お互いを愛し合うふたつの魂が出会うこと以上に美しいものはありません。（76X）

二人が愛し合うとき、光がお互いに向けて流れています。光がお互いに流れていなければ、その二人は愛し合っていません。（76X）

愛は長女であり、永遠のなかに生まれた神の最高位の娘です。光は長男であり、同じく永遠のなかに生まれたものです。平和は喜びが宿ることができる最も美しい住まいです。この先、あなたが物質的に家を建てたいと思えば、平和が必ずやあなたを助けてくれるでしょう。それが法則です。さらに、喜びが訪れてその肉体に宿るでしょう。平和がなければ、喜びが地上に訪れることは決してありません。(6)

現実かつ真実の尺度は崇高な愛であり、普通の人間の感情と気分とは全く関係がありません。崇高な愛の質は、その愛が愚かな人と接することによってその人がとても賢くなることからわかります。その愛が死者に触れると、息を吹き返してよみがえります。重い皮膚病患者に触れると、その病気はたちどころに治ります。失望した人に触れると、勇気が湧いてきます。崇高な愛は奇跡を起こします。どこへ行っても、創造と復活が起こります。私たちはそのような愛を学ぶ必要があります。(64X)

なぜキリストは地上に降り立ったのでしょうか。その役目はなんだったのでしょうか。あらゆる問題――気持ち、情緒、そして社会の――を解決する生きた愛の法則を適用するためです。あなたが生きた愛を放てば、どんな人もあなたと同じように感じるのだと知るでしょう。その人たちはあなたと同じように喜び、そして苦しむのです。みなが必要としているものは、あなたと同じものです。あなたがそれを理解すれば、どんな人に対しても思いやりの気持ちを抱くことができるでしょう。そうすれば、自分自身を助けるように相手を助けることができるようになります。(64X)

愛の基本的資質とは、その愛が自由を与え、あらゆることを犠牲にすることです。(29X)

あなたは神が愛するように愛する必要があります。神は人々の存在そのままを愛します。その人が富めるからでも、力があるからでも、知識があるからでも、美しいからでも、高潔であるからでもありません。(26X)

物理面での愛の最も強い特徴は動くことです。動きがあるところには偉大なる愛があります。アストラル界での愛の最も有力な特徴は感じることです。メンタル界では、それは思考であり、考える過程です。コーザル界では真因です。コーザル界に住む人の愛は強力で不変です。そのような人には「発した言葉は投げた石」という言葉が当てはまるでしょう。(81X)

愛は唯一永遠の基本成分です。愛は無限です。愛以外のものはみな、束の間のものです。(40X)

叡智は神の愛の方法であり、そうであるがゆえに愛のなかに含まれています。真実は種子であり、同じく愛に含まれています。では、正義とは何でしょうか。それも愛に含まれています。つまり、あなたが愛を顕現すれば、あらゆる美徳が顕現します。(40X)

愛のなかにはひとつしか道がありません。叡智の道です。愛はひとつの贈り物をもたらします。美徳です。愛はたったひとつの正しいことを利用します。それは神聖な正義です。（64Ｘ）

愛は強力な力に相当します。奇跡を起こすのです。人々があなたの役に立ってくれるのは愛ゆえです。それ以外の理由でそのようなことはしません。（27Ｘ）

悪の連鎖を断ち切ることができるのは愛だけです。（90Ｘ）

ある日、愛はあらゆるものの上に立つでしょう。あらゆる欠点を拭い去ります。愛が、あらゆるものを良き状態にする唯一の力です。何もかも愛にゆだねなさい。いずれも良き状態にしてくれます。（38Ｘ）

神の愛が人々に浸透すれば、人々は、世界の生きとし生けるものに対して、暖かく豊かな感情を抱くでしょう。とるに足りない存在ではなくなり、あらゆるものを正しく理解するようになります。何があっても怒ることがありません。ハートのなかに覚える暖かな感情は、世界中のどんなお金持ちよりも価値があることを理解します。（１２１Ｘ）

愛の影響を受けて、人の考えは形成され、変容します。その変化は、琥珀からダイアモンドへの変質に似ています。あなた方は、力と原理としての愛について、その前向きな意味に辿り着くまで考える必要があります。（81Ｘ）

愛は華奢な花であり、人目につかないところで成長し開花します。だから、誰もあなたの愛について知りません。（81Ｘ）

愛は成長し、開花し、そして実を結ぶための光、暖かさ、思考、そして条件を内包しています。（18）

あらゆるものの偉大な術《すべ》は、愛することです。（67Ｘ）

この世界にあるたったひとつの法則、それは愛の法則です。（64Ｘ）

私たちは、自分たちの意識を普遍的な愛に高めようとしています。あなたは苦しんでいる人たちみなの波動を感じ、その声を聴くでしょう。これは、あなたがあなた自身も、あなたが関わる人々も、人類をも同時に助けることができるようになるということです。ハートの内側の感情が目覚めていて活発な人、つまり、いかなる物質的ハンディキャップにも囚われていない人は、どこにでも出て行って、誰でも助けることができるでしょう。（4Ⅹ）

私は、思考にせよ、感情にせよ、行動にせよ、それが何であっても、物質界、スピリット界またはメンタル界のいずれにあっても、愛によって行われ、愛が浸透していることを好みます。（65Ⅹ）

覚えておいてください。信仰も希望もなしには、幸せに生きることができません。信仰と希望は愛の両手です。愛から信仰を切り離してはなりません。愛から希望を切り離してはなりません。信仰はマインドを助ける手であり、希望はハートを助ける手です。（4）

愛は生命の神聖な源です。私たちは愛を通じて、生命の正しい道に入ります。そこに死はありません。私たちが叡智の道に入るとき、私たちは、生きていくなかで遭遇する大きな苦しみの原因になっている暗闇から脱出します。私たちは、最終的には生活に大きな恩恵をもたらす喜びと苦しみを神に感謝しなければなりません。（5）

神聖な愛を知ってしまえば、人の愛はその意義を失います。神の愛は、人の愛に意味と価値を与えてくれます。このような形でしか、人の愛は神聖な愛と調和することができません。（4）

豊かさよりも実在的なものがあります。つまり、あなたの内にある神の愛と接することです。これは、最も重要な真実です。この愛に到達すれば、矛盾するものが残らず消え去ります。この偉大なる愛を正しいかたちで理解したいと願うのであれば、自分の内なる静寂の声に耳を傾けなさい。（5）

あなたの愛が純粋さと崇高さを増すほど、あなたを愛する絶対者を知る可能性が高くなります。その絶対者は徐々にあなたに正体を明かし、内にも外にも等しく明確に見え始めるでしょう。（3）

愛は生きる励みとしてすばらしいものです。私たちはみな、自らを前に押し進めてくれる内なる衝動、内なる刺激を必要としています。この刺激なしに進歩はありません。愛はこの刺激です。あなたは愛なしには少しも進歩することはできません。あなたは自らが学ぶ理由となる理性的《ノエティック》な存在を少なくともひとつ愛さなければなりません。あなたは自分自身のためだけに生きてはいけません。他人のためにも生きるのです。他人のために生きるとは、あなたのなかの神聖な愛に衝動をもたらすことです。このため、あなたが神を愛せば、神はあなたの内なる刺激になり、あなたは自らの魂を顕現させることができるようになります。(6)

もし私が山の湧き水のそばにいて、ある人にコップ一杯の水を求められたら、私はその人に水を渡すことによって明日の分がなくなるかもしれないと恐れるでしょうか。湧き水は絶えず流れています。そこには説得力があります。神の世界の湧き水は決して干上がることがありません。次のことを仮定しましょう。愛が、ある人のなかに入って湧き出し始めます。しかし、愛は日々弱まっていって、ついには流れが止まってしまいます。しばらくたって、再び流れ始めます。この愛は確信の道に沿って動いているでしょうか。違います。中断があるからです。つまり、愛に中断があれば、それは一時的な人の愛であり、永遠の神聖な愛ではありません。(3)

人々に愛してもらいたいのであれば、あなたは果実のようでなければなりません。天使に愛してもらいたいなら、光のようになる必要があります。愛したいのなら、神の意識にならなければなりません。この方法でしか、人をみな愛することはできないのです。(4)

愛の最初の表現方法は、与えることです。ただひたすらに、欲を排して与えなさい。与えることをしない人が愛することはできません。(3)

神は与えるという作業を通じて、自らの姿を物質界に表します。ですから、神のように気前よくしていてください。(50X)

光を放つ人はみな、明るい、眩しいと言われます。光を受け取って吸収する身体は闇と呼ばれます。光を放つ人物とは、絶えず光を発する人、つまり絶えず与えている人です。(57X)

神聖な秩序は、私たちが与えることを求めています。与える人は良き人であり、与えているかぎりは良き人ですが、与えることをやめたとたん、良き人でなくなります。良き人は、自分のために何かを持ち続けることはしません。自分のなかに何も保持していないがために、神の御意志を行い、それゆえ内なる平和を享受しています。(3)

生命は与え、死は持ち去ります。与えることは内なる過程であって、外側に現れるものではありません。神は与えることに関わっています。神は愛であると言われています。それはつまり、愛が生命を引き寄せるようになるということであり、生命はあらゆる自然の力とエネルギーを引き寄せます。(4)

与えるという行為は愛の表層に関わっていますが、確信は内側と繋がっています。確信の力は、使われているときに見られます。物質界で特定の確信が使われない場合、スピリット界でも使われません。神聖な教えはあらゆる世界で用いることができます。私たちは単にその使い方を知りさえすればよいのです。違いがあるのは、使い方だけです。使うことができる、できないということではありません。（3）

誰もが愛について話します。ある人に愛があるとどうしてわかるのでしょう。愛があるところには、必ず与えることがあります。愛はあっても、与えることをしないというのは不可能です。愛がなくなった人は、与えるのをやめている人です。愛は人々を拡張させ、与えたいという気持ちを起こさせます。この法則は、人生のあらゆる場面で検証することができます。あなたのなかに愛があるかぎり与えなさい。与えることは、人々と神とを統合させる内なる過程です。与えない人は神と繋がっていることができません。（3）

他者の愛を望みながらも自分を献身的に捧げない人は、愛してもらえません。そのような人はまず自分の愛を惜しみなく差し出すのです。そうすれば愛が与えられるでしょう。あなたからまず思いを寄せないかぎり、愛からは遠く離れたままでしょう。（3）

人々から愛されたいのであれば、純粋で、信心深く、強力で、愛に満ちていなさい。今となっては、誰もが愛の志願者です。つまり、誰もが愛されたいと願っているのですが、完璧なものだけが本当の意味で愛されるということを知らなければなりません。（3）

私は、人々を隷属させる人の愛について言っているのではありません。それはワインの愛のようなもので、隷属と消滅を引き起こします。そのような愛は、人々を堕落させ、道を誤らせます。私は今、あなた方に愛を受け入れるようアドバイスします。それはあなた方を向上させ、正しい道に導きます。それは永遠の光と永遠の生命の愛であり、新しい知識をもたらします。あなた方には神聖な愛の世界に入って欲しいと願っています。だから私はこう言います。「古い世界、古い生命の概念と、関係を断ちましょう。私たちは新しい人生を、新しい自由をもたらす新しい概念の人生を生き始めましょう」。こうすることで、人は自身の弱さから解放され、永遠の至福の世界に入ります。つまり、神聖な意識は人の意識に浸透するのです。するとその人は、神とひとつになります。そのために、私たちは地上に降り立ったのです。解放は、嘆き悲しんで絶望してもやって来ませんが、ひとつの方向に一所懸命努力すればやって来ます。つまり、マインド、ハート、そして身体に取り組むということです。ひたむきに、意識的に取り組むときがやって来ました。人生の矛盾は消えていくはずです。ですから、あなたは永遠の愛に至る道を歩き始め、それが人生のあらゆる豊かさをもたらすでしょう。（4）

愛を理解しない人々は苦しみに直面します。人々に苦しみを引き起こす要因は、飢え、恐れ、人の愛の三つです。飢えは人々にさまざまな犯罪を起こさせます。恐れは人生における数々の大厄の根源です。人々は愛について論理的かつ観念的に話しますが、神聖な愛について何ら理解せずに話します。人の愛についても話しますが、同じく理解していません。それは人が愛するには十分ではないからです。人々にとって愛は実を結ばなければならず、実を結ばなければ、愛は理解されないのです。(3)

私たちが愛について話すのは、苦しい道中ずっと寄り添い、安全に連れ出してくれる特殊な力があるからです。愛は、厳しくつらい人生の時間にある唯一の慰めです。これが誰かの腕に抱かれているということです。愛のみが、あなたを腕に抱くことができます。(6)

今必要なのは、強い魂たちであり、苦しんでいる魂たちを支え、引き揚げられるよう、愛について話すだけでなく、人生に愛を顕現させていかす強い弟子たちです。(6)

あなたは、愛することによって生まれ、嫌悪することによって滅びます。あなたが今世を離れるまであなたは生き、闇のなかに入ると死にます。良きものが生まれると、悪しきものが死にま

す。つまり、肯定的なものが光をもたらし、否定的なものが死をもたらすということです。（4）

嫌悪に力はありません。力は愛にあります。無知が強さをもたらすことはありません。強さは知識にあります。力は良きもののなかにあって、悪しきもののなかにはありません。（4）

それゆえ、あなた方は愛から始めなければなりません。愛があなたのなかに生まれなければなりません。愛を誕生させるには、愛がはっきりとわかる物質的な形がなければなりません。（6）

自身の人生経験から知識と利益を得るには、愛の入口を通らなければなりません。（3）

愛が訪れて、あなたのなかにあるその聖なる火を灯しますように。あらゆる人々のなかに神が宿りますように。そうすれば、天の王国が地上に訪れます。全人類が神を知るようになります。（4）

叡智

神聖な叡智は、人生を支える基本原理です。（32）

叡智は神聖な光と神聖な知識を携えています。その光と知識が人生に美と秩序を創り出します。（33）

叡智こそが世界を救済します。（27－212）

叡智はあらゆる理性的《ノエティック》な存在の知性と繋がっています。（105X－13）

この世には神聖な哲学、神聖な叡智があり、いずれも有史以前から存在していました。（27－340）

神聖な叡智は、人の知性に何らかの光や知識をもたらすことができる原理です。叡智が人々を賢明にし、正しい生き方を示します。（64X－29）

叡智は神聖な光と神聖な知識を含み、人生に美と法則と秩序を創り出します。（14－112）

誰かが神聖な叡智のことを話すとき、私はそれが無限の空間にある光全体、すなわち決して薄れることのない光を意味していると理解します。（105X－19）

人々が叡智の法則に接すると、光が知性から湧き出すでしょう。すると、誰もつまずかなくなり、行く道は光であふれるでしょう。（72Ｘ－17）

神聖な叡智は生命を支える基本原理です。生命に叡智がなければ、生命は遥か以前に滅んでしまっているでしょう。（22－19）

自らの人生を叡智に捧げれば、自分には物事を明確に捉えるための知識と光があることが理解できるでしょう。（23－8）

どんな人を賢者というのでしょうか。それは過ちを犯さない人です。（93Ｘ－１４９）

キリストはこう言いました。「私は道であり、真実であり、生命です」。道とは知識の道であり、あなた方が学ぶ必要がある無限の神聖な叡智です。（89Ｘ－１９９）

パウロも叡智の愛が救済の道であることを示したいと願っています。（47－11）

叡智は人生の最も困難な道を示しています。叡智の道ほど困難な道はありません。(105－13)

学ばなければ、叡智も知識も決して得られません。(97X－142)

叡智に源を発する崇高な思考は、人のマインドに光をもたらします。(27－5)

私は、あなた方のうち一人たりとてハートに叡智を有することを願っていない者はいないと思っています。(63X－189)

叡智と愛をつなげた人は、本当の意味で生きています。(61X－76)

愛と叡智の原理をしっかりと持っているかぎりは、真の人類です。その原理から外れると、理性的《ノエティック》で意識のある魂としては存在しません。(27－183)

根底に愛があり、叡智と真実の二本柱で支えられている人は、人生という広大な海を海岸から海岸へと安全に渡ることができるでしょう。(71X－121)

叡智は外側にあって、触れることができ、目に見える形あるものです。愛はその形の内容物であり、真実はその意味です。（81X－92）

スピリットを充足させるもの、それが叡智です。（101X－88）

光と叡智の泉でありなさい。（111X－59）

真実

真実は、永遠の光、永遠の叡智、永遠の愛、永遠の正義、そして永遠の命です。（3X）

真実は、愛が高度に顕現したものです。真実は最も純粋な愛の姿です。それは永遠の命です。（3X）

愛に光を投げかけるものは、みな真実です。（105X）

光り輝く叡智の道のみが真実に通じています。生命は真実のなかに隠れています。(113)

あなたが保持する光は、真実の光に由来します。(13)

人々は真実を確信して生きなければなりません。そうすれば、動じることも気弱になることもありません。(6)

いかなるところでも、言い争いが支配するところに真実は現れません。真実は平和と穏やかさのなかで育ち、広がります。平和と愛のなかで育つのです。(30)

あなたが真実を知ると、内なる深い平和を経験するでしょう。(4)

真実とは何を表しているのでしょうか。それは人の魂の特殊な状態で、完全に平和で生命の源と調和した状態です。生命の至高の原理に対する人の姿勢を決めるものが真実なのです。(64)

真実を語る人は、人生のあらゆる恩恵を味わうでしょう。真実を語らない人は、人生のあらゆる苦難を経験するでしょう。苦しみたくなければ、いつも真実の側にいるのです。真実のルール

とは何でしょうか。それはあなたのハートに刻まれています。ハートの本を紐解いて読みなさい。（3）

真実は復活へ導きます。嘘は死に至ります。それが人生の真実です。（3）

真実を内に秘めた人はみな、強さがあります。善良さを内に秘めた人はみな、常に活力があります。真実と善良さを持ち続けなさい。そうすれば、活力と強さを獲得します。（36）

真実は変化をもたらすものです。困難を克服するのを助けてくれます。真実は矛盾を解決するのを助けてくれます。真実は物事の真の価値を与え、真実の実在性を明らかにします。（7）

真実を得ることとは、内なる知識、物事の内なる理解を身につけることです。（32）

秘儀参入は真実と繋がっています。真実が内にある人は誰もが伝授を受けた人です。真の秘儀参入には矛盾も死もありません。しかし、その秘儀参入に至るまでには、悩み苦しまなければなりません。（4）

イエスに対して、なぜ地上に降り立ったのか、なぜ生まれたのかとたずねると、イエスはこう答えました。「私がこの世界にやってきた目的とは、真実を証言することです。真実とともにある人はみな、私の声が聞こえるのです」。これまで真実を証言したどんな人の道も、不幸で劇的であると言えます。悲劇とドラマしかありません。あらゆる真実の求道者の道には、ドラマと悲劇が敷き詰められています。そして、あなた方が今、苦しまなければならない理由、不幸であったり死んだりする理由を私にたずねれば、私はこう言うでしょう。「これは、あなたが真実の道を開くために必要なのです。あなたは真実が通る道に敷き詰められる生きた石になるのです」。（6）

真実と良きことのために働くことができないのであれば、あなたは何も理解していません。いずれも欠くことができないものです。良きこととは何か。それは人生の根幹です。真実とは何か。それは自由をもたらすものです。（5）

神のスピリットである真実はあなたの内にあり、あなたを自由にします。（39Ｘ）

真実はひとつです。ですから私たちは、古い真実と新しい真実について話すということができ

ません。真実はひとつであり、不変であり、どの人命にも不可欠です。(64X)

人々は、神が真実を人々のなかに置いたということを知る必要があります。真実は、神が自分たちのなかに宿っていて、自分たちは神のなかに宿っているということを人々が知り始めている事実にあります。(55X)

あなたが空虚で、真実が内にないならば、黙して語らずに、あなたというボトルを満たしなさい。真実があなたのなかに入って満たしたらすぐに、口を開き、真実をみなに伝えなさい。そうするとあなたというボトルが空になり、再び満たされ始めるでしょう。(25X)

最初に愛すべきものは真実です。最善で最も美しいことは、真実を話すことです。絶対に嘘をつくべきではありません！(109X)

お互いに愛し合う魂だけが、真実のなかに生きています。(64X)

真実を理解する方法はこれです。「どの木もその実がなってどんな木かわかります。実がなるまで待ちなさい」。(107X)

真実は私たちが植えたものであり、私たちはその果実を味わいます。光は真実が顕現するのを可能にします。(68X)

自由

洞察の眼で人を見ると、次のように見えるでしょう。その人から多くの糸が出ていてその糸がその人を縛っています。糸は太陽光線のようです。その人はその糸で縛られているかぎり、常に邪魔されているように感じます。思考したいと願いますが、なかなかできません。感じたいと願いますが、これもなかなかできません。自分の意志を自由に示したいと願いますが、これも不可能です。この糸を断ち切りたいと思いますが、叶わず。それというのも解放される法則を知らないためです。自由になるには祈る必要があり、努力する必要もあり、糸を慎重に断つ必要がありますよ。ある日、自分の思考が解放され、感情が解放され、行動が自由に選べるのを感じ始めるまで、です。(28-148)

あなた方はみな、最も重要な問題の解決に直面しています。奴隷になるか自由になるか、不可避の奉仕か自由の奉仕かの問題です。自由という言葉は覚醒、スピリットへの奉仕を意味し

ます。（28－１４８）

自由とは内なる過程です。それは神の思考と繋がることです。自分の思考と神の思考が繋がっている人だけが自由なのです。（6）

マインドとハートと意志に光がある人は自由です。（4）

意識のレベルに従って自らを顕現できるよう、自由はみなに与えられなければなりません。人の意識に対して暴力を行使してはいけません。誰もが自由に行動しなくてはいけません。（3）

自由は人々の内側にある最も崇高な特性を意味します。（１０９Ｘ－45）

人の魂の強い願望と努力は自由へ向かうものです。それは気づいている人にとっては偉大な内的衝動であって、普通の人々にはありません。神聖な面が内側で目覚めたときのように、内なる刺激となります。（１１５Ｘ－44）

自由は人のマインド、ハート、魂、そしてスピリットの強い願望です。そして、自由とは生命

です。(31－105)

自由とは、理性的《ノエティック》な制限を意味します。人がどんなに自由でも、その人が自然法則の外側に踏み出すことはできません。(71X－3)

人々の運命を改善することは、その人が重圧から完全に開放されることを意味するものではなく、その重圧にいかに耐え、どの道を歩むかを学ぶことを意味します。(7－50)

広範囲に及ぶ行動は、自由の特徴として際立っています。(31－109)

自由は知識と結びついています。知識ある人だけが、自由になることができます。(46－33)

真実についての知識がなければ、自由は実現不可能です。(38－4)

神はすでに、私たちにこの世界で完全な自由を与えていて、私たちにこう言っています。「あなた方には生命を与えていて、あなた方はそれを好きなように使うことができるのです」。(14－136)

私はあなた方が、神が世界を統治している手段としての偉大な生ける法則に接触できるよう導きたいと思っています。その法則によって人々は、完全に自由に好きなことをすることができますが、その法則を通じて人々は、その行動に責任を負います。（83Ｘ－6）

私たちが王であっても一般市民であっても、私たちの内にあるスピリットは自由になりたいと思っています。（31－96）

自由は、人間が得ようと努力する高い理想を発展させるために不可欠です。（109Ｘ－47）

本来の自分に働きかければ、自由な人になるでしょう。（96Ｘ－27）

人々はどうすれば自由になれるのでしょうか。愛、叡智、そして真実という手段を持って、本来の自分に意識的に働きかけることです。（72Ｘ－31）

自由な人とは、素晴らしいマインド、素晴らしいハート、素晴らしい意志、素晴らしい魂、そして素晴らしいスピリットを持つ人です。自由は、本来の自分に懸命に働きかけた結果で

す。（87X－35）

人々は、意識的にも無意識的にも、自分たちの上にいる存在に対して反抗的な態度をとることがあり、この態度がその人自身の自由を制限します。（21－301）

真実を知る人だけが自由な人です。（116X－13）

マインド、ハート、そして意志のバランスをとり、真実と一致させないかぎり、その人は自由にはなれません。（27－108）

私たちが「真実は私たちを自由にする」と言うとき、それは、この世界では崇高で理性的《ノエティック》な要素だけが私たちを自由にする、という意味です。（112X－49）

神が住む神聖で不変の世界に住み、神の声に耳を傾けて神の法を理解する人――そんな人だけが自由であり、意志を自由に行使することができます。（31－134）

私たちは自分自身の内側、自分のハートの内側に神を受け入れたときに自由になります。

（117X－49）

人々は、スピリットに従って、マインドとハートの赴くままに、内側から生じることだけをする必要があります。こうすることによってのみ、いかなる制約からも外的な影響からも解放されて、自らが魂であると感じられるようになります。（118X－120）

あなたが裕福で強いのであれば、あなたは物理的にのみ自由になれます。（109X－56）

人々は、自分が自由だと思っているときにだけ自由です。（45－3）

拘束され、解放を待っている存在が無数にいます。なぜでしょうか。あらゆる方向に行きたいと願っているからですが、自由は一方向のみへの移動を意味しています。（109X－45）

何かを望むとすぐに、あなたは囚われてしまいます。望むものを捨ててしまえばすぐに、あなたは自由になります。願望には、達成すべきではないものもあるのです。（119X－53）

あなた方は、自分のマインドが願望の形成に関わり、自分の望みのひとつを実現したときにの

み、自由になれます。（46－33）

人々は、自由がやってきたときに意識的に働きだします。（26－181）

人々が他の人に自由を与えると、カルマを解消します。（23）

自分のために自由を欲するのであれば、他の人にも自由を与えなければなりません。（31－51）

これは私が説いているキリストの信念です。自由を所有することと与えること、自由を所有することと与えること以外の何物でもありません。自由とはあらゆる自由――精神的、情緒的、宗教的な自由――であり、それから市民の、そして自国の自由です。自由はあらゆるところにあります。（31－96）

愛、叡智、真実

愛は神の心臓、叡智は神の言葉を司る頭脳、真実は神の足です。神を愛する人は、ハートのエネルギーのバランスが取れていて、神に何もかも捧げる心づもりができています。（3）

愛は与えるもの、叡智は包含するもの、真実は分配するものです。（3）

私たちは、叡智によって愛と真実の顕現を理解します。（3）

叡智は物事に形を与え、愛は内容を与え、真実は意味を与えます。（17）

叡智は物事に実在性を与え、視覚化し、愛は物事の形の内容物であり、真実はその意味です。（3）

美徳と結びついた真実は高潔です。（38）

高潔と正義が支配するところには、法と秩序、自由があります。自由は、正義の外面です。（39）

善のなかであらゆるものが成長し、生きています。あらゆるものが生じて、生を得ます。（4）

愛ある人は強い人です。あなた方にはみなこの力があります。それは、一切の暴力なしに慈悲によって得られるからです。叡智、真実、知識、あとは美徳があるかぎり、身をもってそこに対価を払います。ふんだんに与えられる美徳だけが愛なのです。（6）

真実と生命の完璧な道を愛しなさい。
良きものを住みかの基礎とし
高潔をあなたの人生の尺度とし
愛を装飾品とし
叡智を防御壁とし
そして、真実をあなたの道の光としなさい。
そうしてはじめてあなたは私を知るようになり
私はあなたに正体を現しましょう。（40）

第五章 神聖な法則と自然の法則

私たちには西洋科学の文化があることから、神聖な法則よりも自然の法則をよく理解しています。実際に、神聖な法則、つまりスピリチュアルな法則の存在そのものについては懐疑的な人が大勢います。このような状況では、天意や戒律によるものではなく、法則によって、内なる生命を支配する構造が示されます。このような法則は、試行錯誤した経験によって発見され、洞察と叡智に至ります。与えることの内なる法則である愛は、神聖な意志を遂行する方法であり、違反すると苦痛がもたらされ、それが転じて洞察が生まれます。次の引用からその点がよくわかります。

純粋な人の愛は苦しみへ導き
苦しみは経験を与え
経験は知識を生み

知識は叡智をもたらし
叡智は真実に至ります。

その根拠は、

人の愛は、本質も形も変わり、
スピリチュアルな愛は、形は変わっても本質は変わらず、
神聖な愛は本質も形も変わりません。
ただ成長するだけです。

ここから先の引用を貫くのは、与えることと受け取ること、種まきと収穫という意味においては、相互利益、交流、そしてバランスという基本的な一本の糸です。生命は、常に両極を行き来することによってバランスを見出そうとしています。このため私たちは、私たちを鼓舞して先へと駆り立てる喜びと苦しみを通じ、エネルギー変容の法則を学ぼうという意欲がわきます。次に示す内なる法則は、私たちが自己発展の道に沿って進むうちに、私たち独自の生命の理解に対照して自然に検証されます。いずれも、私たちが状況を見通せるような考えとなり、役に立ってくれます。

私たちが住む世界は、無限の過去に神が宇宙を形成するなかで設けた法と規則によって支配されています。あなたが神聖な法則に気づけば、常に幸福で、喜びを感じ、恵まれるでしょうし、何をしてもうまくいくでしょう。(38)

法則は真実の結果です。(7)

神が創造した法則を学ばなければなりません。私的にせよ個人的にせよ、メンタル的またはスピリチュアル的な人生は、その法則が基礎になっているからです。(6)

神聖な法則は、例外を許しません。(3)

人間は常に征服されるものであるのに対して、神聖なものは常に征服するものです。この法則に例外はありません。(25)

神聖なものと人間や動物とを区別できるためには、識別の法則を学び、自分の弱点を克服しなければなりません。あなた方の弱点は、寄生生物のような卑しい存在の影響を受けることです。あなた方は、そういった危険な影響から離れていなければいけません。それは、内観するということです。(26)

弟子であれば、物事は静寂にある方が、それについて話しているときよりもうまくいくことを知っておく必要があります。超科学の法則によれば、物事を終えてからそのことについて話せばよいのです。あなたが遭遇する状況は、解決すべき問題であると認識しなければなりません。(25)

あなたのカルマは、愛の法則を通じて根絶されます。(9)

神聖な知識は、愛の法則を通じてのみ得られ、発展します。(6)

この世界で収穫される唯一の成功は、愛を経た先にあり、知識、叡智、神聖な生活、正義、道徳心、高潔、美徳などを包含します。高く高貴なものにはみな、すばらしい未来があります。ですから、愛から生まれたどんな行動もうまくいくのです。愛から生まれたどんな思考もどんな願望も、いかにそれが小さくても、うまくいきます。(6)

ですから、愛の内なる法則、与えることの法則に従って生きなさい。この方法で、あなたは自分に愛があるかどうかを試すことになります。（3）

私は弟子たちに、次のような規則を与えます。誰かが何かを求めても、急いでいきなり与えてはいけません。あなたに与えるという内なる愛の衝動がないかぎり、何も与えてはいけません。（83X）

神聖な法則とはこういうことです。あなたは自由に受け取っていますから、自由に与えなさい。別の言い方をすれば、あなたは与えられたものを残らず与えなければなりません。神聖なものに何もかも捧げる用意ができていない人は、何にも達成することはできません。（3）

神の世界の法則のひとつは、人々は何かを受け取ったら、自分に必要なものは持ち続けながら、他の人に分け与える義務がある、というものです。（41）

たくさん与えれば、たくさん受け取るでしょう。与えるものが少なければ、受け取るものも少なくなります。たくさん種を蒔けば、たくさん収穫するでしょう。あまり種を蒔かなければ、収

穫も少なくなります。それが法則です。(42)

ある法則があります。あなたが与えれば、次にあなたに与えられるという法則です。これを宇宙の豊かさの法則と言います。(6)

ここに法則があります。崇高な見えない世界は、良きものと賢明なものだけを助けます。助けて欲しければ、他の人を助ける必要があります。(43)

あなたがほかの人の自由に留意するのであれば、その人たちはあなたの自由を尊重する、という法則があります。人々はあなたに対して、あなたがその人たちにとるのと同じ行動をとります。小さな存在にこそ敬意を払う必要があります。〝あなたが分け与える分量と同じ分量があなたに分け与えられます。〟あなたが愛、叡智、そして真実の法則を物差しとすれば、あなたにも同じ物差しで分け与えられます。(14)

健やかに暮らすには、人々は外圧と内なる緊張の法則だけでなく、ノエティック界が操作する時間の法則も学ぶことが必要です。私たちに与えられる良きことのどれ一つに対しても、有限の時間が割り当てられています。同じ法則が、よい運命にも当てはまります。(14)

苦しみたくないのであれば、与えたものと同じだけ受け取ることを示す、交換の法則に敬意を払わなければなりません。(14)

ほかの人から離れて独りで生きていくのなら、もっと早く進めると考える人は多いものです。このような考えは、自分を馬鹿にしているのと同じです。地球にやってきた以上、人々、動物、植物、鉱物と共にあって、その影響を免れることはできません。周囲にある最も小さな粒子であっても影響力はありますが、反対に人も生きとし生ける存在に影響を及ぼしているのです。自然全体が人類に影響を及ぼしますが、人類も自然に影響を及ぼします。この法則は不可避です。(3)

互助の法則とは、助け合いたいという強い願望が相互に浸透していない限り、互いに繋がらないということです。(45)

人生のあらゆる要求を満たす神聖な法則があります。どの神聖な要求もすぐに満たされますが、まず、神の御意志を遂行したいという願望を抱かなければなりません。最初に神の御意志に、次にあなたの意志に沿いなさい。(5)

神の御意志に沿えば、あなたは一を与えて十を得ます。あなたが自らの意志に沿えば、一を与えて十を失います。この法則に例外はありません。（4）

あなた方は、現代人の表向きの動機の根底にある内なる動機について、明確な考えを持たなければなりません。人間の動機について知るだけでは十分ではなく、生き物の王国全体の動機も知る必要があります。この法則、この人生の現実は理性的《ノエティック》なものですが、あらゆる存在が同程度に知覚しているわけではありません。（6）

美しく素晴らしい物事は、人生の困難な時期に生じます。これも法則です。困難であればあるほど、内包されている良きことも大きくなります。（27）

苦しみと喜びを通して、人はエネルギー変換の法則を学びます。（43）

エネルギーをほとんど使わずにたくさんの仕事をするために、自分のエネルギーを節約する法則を学ぶことが必要です。（43）

ほかの人の落ち度を正したいと思う人の背後に、その人の落ち度が積みあがるという内なる法則があります。(6)

一部の利益が相互に調和をとることはできません。全体のなかでのみ調和します。全体は、一部の調和に対する偉大な法則を表します。このため、一部を扱う人は誰もが、まず全体の法則を理解しなければなりません。どの一部も全体のなかに明確な位置があるからです。一部は、独自の位置を維持するかぎり一部です。もしその位置を失うと、一部ではなくなります。同じ理論が人生にも見られます。(6)

全体のみが自由です。このため、一部に自由を与えたいと思うと、全体は制限されます。(6)

以上の法則はみな、神聖な教えに入ると当てはまります。ですから、全部学ばなければならないのです。(6)

第六章　人間

　これほど基本的な質問もないでしょうが、人間の本質とは何でしょうか。この問いに対する答えには、基本的に二種類あります。正統科学という視点から見ると、世界と人類が今あるのは全くの偶然の結果であり、宇宙があるのは偶発的な出来事、すなわち時々起こる事象のひとつです。この見方は必然的に、人の意識とは、肉体の死と同時に滅びる脳の副産物であるということになります。しかし、真の見方は、伝統的な宗教とスピリチュアルの信念に基づいていて、人間は肉体的な身体だけの存在ではないことを示しています。それだけではありません。本質的な自己は肉体の死を超越するのです。

　ベインサ・ドウノの形而上学は人間の四つの基本原理、すなわちハート、マインド、魂、そしてスピリットを扱うものです。語源をみると、魂は生命を与える本源（ラテン語で「anima」）、スピリットは呼吸（ギリシャ語で「pneuma」、ラテン語で「spiritus」）です。生命と呼吸を生き生きとさせる本源が人体に表されているかぎり、私たちは地球上で生き続けます。本源がなくなると、肉体的な死を経験します。ベインサ・ドウノの哲学では、人の魂は元々、神によって放たれる神聖な光線であり、神の下で魂は永遠に生き続け、移動します。魂たちにはその根底に統一された存在というものがありますが、「それぞれの魂は神聖な意識の状態を表している」という点で、どれひとつとして同じものはありません。神聖な意識は時空のなかで、魂のなかにそれぞれに異なった状態で現れます。それでも、この分離の先、そして背後で、どの魂も偉大で神聖なひとつの魂に統一されます。

スピリットは、生ける神の表現であると定義されます。それは、魂を含むあらゆるものの原理であり、真髄です。魂はスピリットの可能性を表しています。スピリット（「spirit」）はひとつですが、スピリットたち（「spirits」）は多数です。単一性と複数性はどちらも神の産物です。スピリットたち（「spirits」）は、ひとつの呼吸（「breath」）からなる複数の呼吸（「breathes」）です。スピリットも魂も、マインド、ハート、そして意志を通じて物質的な生命のなかに表現されることが必要になります。スピリットと魂は、愛、叡智、そして真実——生命、光、そして自由——として形作られた人を通じて顕現しようとする神聖なものを表します。マインドとハートでは、人の魂とスピリットの崇高で荘厳な本質を完全に把握することも定義することもできませんが、魂とスピリットを即座に表現するよう、マインドとハートを開いていることはできます。

あなたの魂の自由、

あなたのスピリットの強さ、
あなたのマインドの光、
そして、あなたのハートの思いやりを持ち続けなさい。

私のハートはあたたかく、私の魂は新鮮で、
私のマインドは明るく、私のスピリットは強力です。
なぜなら、私が神の無限で不変な愛のなかに生きているからです。

意識、スピリット、魂

人間は神の姿に似せて創造されました。しかし、他人の権利を侵害すると、その人たちは真の姿からは逸脱し、自身の計画と観念に従って生き始めます。人間は遠い昔にその姿から逸脱しました。人間はその姿を汚してしまい、そうであるがゆえに、人間は自分自身も、周囲の人たちも、神も認識しません。現在の人々は、明確な自分の役割を持って地球にやって来ています。自らの創造主の前で姿を浄化し、汚《けが》れない状態でいるということです。(27)

神は二つの構成要素――物質である肉体とスピリット――で人間を創造しました。肉体、すなわち地球は、常に地球でいつづけるでしょう。それが神の王国を引き継ぐことはできません。人間の崇高な面は、生命のなかに偉大さと崇高さを切望しています。スピリットは決して弱まらないと言うとき、私たちは内面の、神聖でスピリチュアルな原理を意味します。神聖なものが失敗することは決してありません。あらゆる衝動と強い願望は、内なる神聖なものに帰因します。（3）

どれほど互いに反目しあっても、スピリット的な生命と肉体的な生命は人間の発達に必要なのです。肉体的な生命なしに発展も進歩もあり得ません。肉体によって乱されるのではなく、肉体をスピリットの従者にする努力をしなさい。（3）

人間は、そのなかに見られるように、光です。地球に生き、今を生きている進歩的な人々はみな、特殊な第六感を備えていて、それによってその人たちは他人を内なる次元で見ることができます。その人たちは自分たちのことを柔らかく心地よい光を放つロウソクだと思っています。善良さはまばゆい光として知覚され、生きる意味を失った人々は暗闇です。その人たちは明滅する小さな光を放っています。（１０２X）

私たちは人々を五つのグループに分けることかできます。世界はそのさまざまなグループのお陰で、その道を広げて辿っていきます。地球に来るということは、みながその分類のうち四つを経験することを意味します。まずは普通の人から始まって、徐々に前進していきます。普通の段階にあるうちは、その人たちは自分たちの食べ物を売買します。生産者になると、才能ある人の分類に入ります。空気と水のマスターになると、すでに天才になっています。最後に、光と闇のマスターになると、その人は輝き、人類全体に光を放ち始めます。全カテゴリーを通過してそれぞれの思考のマスターになると、その人たちは生命の内なる重要性に目を向けるようになり、マスターのカテゴリーに入ります。各カテゴリーのなかでの成長は、そのカテゴリー独自の現実、法則、理論に左右されます。(27)

占星術的に見ると、人々はその内側で優勢なエレメントに応じて地球型、木星型、水星型、土星型、金星型など、さまざまな種類に分けられます。どの型も、その人がもつ決まったエネルギーを表しています。純真な人ほど、その人に影響を及ぼす惑星が少ないということになります。偉大な人や天才は通常、数多くの惑星の影響を受けた混合型です。(27)

どの人も、自然という共通の有機体のなかの特殊な臓器や器官であり、自らの役割を果たさなければなりません。自然のなかで自分の場所を見つけ、使命を理解した人は、偉大なる神聖な生

物の臓器や器官としてその職務を遂行することができるでしょう。(25)

人間とは何でしょうか。人間の願望や思考、感情と行動、義務の本質とは何でしょうか。まず第一に、自分たちに生命と、生きる間に働きたいと思う強い感情を与えた神に対して真に理解する必要があり、そして、強い願望、思考、感情、行動、義務の本質を真に理解する必要がありま す。このように自らの立場をよく理解している人、自分のイメージがはっきりとしている人は、誰しも正しく考え、正しく感じ、正しく行動します。(39)

その人の持ち場は、スピリット、魂、マインド、ハートによって決まります。人は、この世界での自分の仕事や人生設計を自分で決めています。(32)

現代人の任務は何でしょうか。自分たち自身が向上するのを助けることであり、そうすることによって全人類を助けるのです。ある人が向上すれば、その人は周りの人たちも助けているのです。(26)

人生の目的はこうです。地球上の不死のもの、永遠に存続するものをはっきりと知ることです。この意味で、どの人もどの国も、不死のものとして生き続けることができます。(56)

宇宙全体、無限の宇宙の現状は、必要な可能性と条件がすべて存在し、そこで私たちが正しく発展することができるという意味では、世界は最高なもののひとつです。(64X)

物質的な生命は物事に形を与え、スピリチュアルな生命は内容を与え、神聖なものはその生命に根源的な意味を与えます。ですから人々は、物質的な生命、スピリチュアルな生命、または神聖な生命のどれを欠いても、調和のとれた発展はできないのです。(14)

霊界は、スピリット、魂、身体を通じて顕現されます。これに対してフィジカル界は、マインド、ハート、そして意志を通じて顕現されます。人々は徐々に、魂とスピリットは実在するものであり、身体はその活動が結実したものであると考え始めています。マインドはスピリットと対応し、ハートは魂に対応し、意志は身体と対応しています。(46)

意識

人間のスピリットは、見ることと創造することという二つの過程を経ます。どんな作業もここから始まります。「意識」という言葉によって私は、人間の内面が規則正しいこと、そのことが

生命に首尾一貫した意味を与えていることを理解します。（97X－178）

意識は、人間の内部の生命体を表します。魂は意識を通じて神の世界と常に繋がっています。意識は魂の内側を覆うものです。（56－48）

人々は自分たちの意識の度合いに応じて、自分の発達段階の高低を知ります。（56－43）

人々は四つのカテゴリーに分かれます。第一は自らの潜在意識のなかに生きている人のカテゴリー、第二は自らの意識のなかに生きている人のカテゴリー、第三は自らの自己意識のなかに生きている人のカテゴリー、第四は自らの超意識のなかに生きている人のカテゴリーです。（97X－205）

潜在意識は、全スピリットが遭遇する問題と結びつき、ひとつにまとまっているプロセスです。意識は、私たちの友達や隣人たちの問題のほか、人種の問題も扱い、ひとつにまとまっているプロセスです。自己意識は、一人ひとりの人間の思考を観察する個々のプロセスです。超意識も個々のプロセスですが、神の思考を扱います。（48－283）

潜在意識は魂です。
意識はハートです。
自己意識はマインドです。
超意識は人間のスピリットです。（86Ｘ－２９１）

潜在意識と超意識は神聖な二本柱であり、ひとつは人間の魂を、もうひとつはスピリットを表します。意識と自己意識はまた別の二本柱であり、ひとつはハートを、もうひとつはマインドを表します。（97Ｘ－２０３）

スピリットと魂は、発展するための本当の道を見つけるには、統合することが必要です。（86Ｘ－２９１）

潜在意識には過去の人生が含まれています。人の経験は潜在意識に保存されています。（84Ｘ－１５８）

神聖な法則が潜在意識のなかで働いています。過去数百年間の経験が潜在意識には保存されています。神聖な法則はみな、潜在意識に集められます。潜在意識は、可能性を秘めたエネルギー

の貯蔵場所です。（74X－10）

成し遂げたことを潜在意識のなかに保存するのは、人間だけです。（46－30）

人は成長して発展するために、自分の潜在意識に考えを送り、そこに留めることができます。（76X－18）

人の内なる意識、すなわち潜在意識は、最も難しい問題を解決します。人間には理性《ノエティック》的な要素、すなわち内側に神聖な原理があります。その原理の声に耳を傾ける人は、常に成功します。（97X－32）

ある考えは、潜在意識または超意識を通過すると実現します。その考えは潜在意識と超意識で熟し、この世界にやってきて、すぐに現実になります。（84X－１５８）

意識が目覚めるまでは、孵化していない卵のようなものです。かぎられた条件のなかに閉じ込められ、生命の光と空間を奪われています。（84X－２０８）

私たちは、生命のかぎられた条件から人が解放されることを「意識の目覚め」と呼んでいます。（71Ｘ－58）

意識が目覚める前は、人生に何の意味も見出せません。（32－370）

人々は、一つひとつの美しい側面を見つけるために物事と物事を区別する必要があり、目覚めた意識の状態である必要があります。（71Ｘ－58）

神聖な泉はどこにあるのでしょうか。それは人の意識のなかにあります。（46－19）

意識を目覚めた状態のままにしたいと思うのであれば、神と神の世界について悪く考えるのを決して許してはなりません。（23－9）

自分のスピリットの存在に対して意識を目覚めた状態に保てば、その人は最大の苦難や苦しみにも対処することができるでしょう。（76Ｘ）

意識が目覚めているほど、他者からの影響によく耐えられるようになります。（84Ｘ－186）

意識が目覚めればすぐに、自分自身の欠点に気が付くでしょう。意識的な人になれば、多くの物事を理解し、こう言うでしょう。「私はこんなこと、あんなことをすべきではない……」（86Ｘ－264）

自分の欠点を正し、自分自身に対するように隣人の幸福を祈ると決めたら、その人はすでに神聖な生活を得ています。それは意識の目覚めを意味します。（71Ｘ－60）

人々は、どうすれば意識が濁った状態から解放されるのでしょうか。自分の思考を神聖な意識に向ける必要があり、それは宇宙全体に浸透し、自分自身が批判も、躊躇も、疑念もみじんもない状態で神聖な意識と繋がっている状態です。このやり方を知っていれば、その人は喜びに満ち、満たされた感情に繋がり、その感情が光り輝く崇高な思考になります。（28－143）

神を愛するということは、あなたの意識を拡大する可能性に向けるということです。（71Ｘ－89）

意識を拡大させるには、生涯の一部としてのどのひとつの事象にも敬意を表し、どの事象の間にも密接で分かちがたい結びつきがあることを知る必要があります。（7－5）

キリストは人々を自己意識から導き出し、神聖な意識、真の喜びの源に向かわせました。（58X－276）

神聖な要素──宇宙意識──が目覚めてしまえば、人々は崇高で意識的な生活を送り始めます。（76X－173）

そうすればその人が源泉となり、生きとし生けるものがその恩恵にあずかれるようになります。（76X－214）

宇宙意識に目覚めると、尋常でない喜びを味わい、それは誰にも奪うことができません。（56－73）

内側で目覚めた意識が高いほど、人類全体、目に見えるものか見えないものかに関わらず、生きとし生けるものに共通の良きことのために働かなければならないことを理解することになります。（42－89）

人類は共同の意識を通過しています。つまり、人々はお互いが必要であることを悟り始めています。（65Ｘ－26）

宇宙意識に生きている人はみな、神と繋がっていることが何を意味するのか理解できます。（14－29）

あなた方一人ひとりが、神と繋がっている瞬間を目撃しますように。そのことが神聖な宇宙意識の人生という、新しい人生の到達に向かう刺激を与えるでしょう。（14－29）

直観、すなわち内側にある神聖な感覚は、人生の方向を見つけるのを助けてくれます。（46－143）

あなた方はみな、神聖な意識、つまり直観を展開させようと試みる必要があります。そうすれば、愛という生ける神はあらゆる形となって現れてくださることがわかります。（65Ｘ－165）

弟子は、目覚めて、自らの行動を正さなければなりません。良きことをするほんのちょっとした機会も逃してはなりません。これは人間にある神聖な意識を示すことになります。（28－49）

自分自身に真面目に愛をこめて取り組みなさい。そうすれば、身体的な力だけでなくスピリチュアルな力も開花するでしょう。（71X－229）

どんなに取るに足りない人でも、神聖なエネルギーを内に秘めています。そのエネルギーはその人を力強く偉大にします。このエネルギーのお陰でその人は、自らの意識を変化させることができます。（27－64）

新しい意識を獲得すれば、あなたは地球での自分の人生の取り決め方、服装、食べ物、建てるべき家、子どもの育て方、社会全体を教育する方法を知るでしょう。（39－88）

肉体とスピリットの両方が、ともに神聖なもののなかで生きることになる日が来ます。そして、人々がみな、新しい意識になります。今あるものとは異なり、天使たちに似た新しい光が宿るでしょう。（39－86）

人は成長して発展するほど、さらに高い次元、すなわち霊界と神の世界に向けて意識が成長します。このことは、それぞれに異なるかたちで生命が顕現しているあらゆる世界に向けて、人の

意識が目覚めることを示しています。（71X－231）

新しい人生に入った人は、たとえ死んだときですら、自らの意識を目覚めた状態に維持しなければなりません。意識が分離するはずがないからです。どんな変化が起ころうとも、注意を怠らず、その変化を利用しなければなりません。ハートを失ってはなりません。（27－25）

現時点での意識的な仕事が、その人の未来を決めます。（76X－30）

今の世界はやがて大きな変化を経験し、それが人の意識に衝撃を与え、最終的に人々は、自分たちは理性的《ノエティック》でなければならず、自分の意志ではなく神の御意志に従わなければならない事実に気づくでしょう。（27－128）

新しい意識と新しい理解は、私たちの人生全体を徹底的に改革することになります。（62X－75）

スピリット

スピリットはあらゆるものの始まりです。（101X）

肉体を持って生まれたものは肉体であり、いずれ死にます。スピリットとして生まれたものはスピリットであり、永遠に生き続けます。（6）

スピリットが肉体を克服したとき、本当の生が始まります。（48）

スピリットとして生まれるということは、崇高で理性的《ノエティック》な生命原理となって生まれることです。スピリットとして生まれるということは、同胞団のメンバーになるという意味があります。同胞団は、人々の間に愛が到来するという状態です。（3）

人間は生ける魂であり、不死のスピリットはその魂のなかに生きています。私たちはそのスピリットを通じて働くようにと、この世界に遣わされているのです。（48）

人の生命は神聖なスピリットから湧き出ています。このことを知り、あらゆるものを創造し生み出す神聖なスピリットに委ねなさい。あなたの内側で働いているそのスピリットに従いなさい。

（26－7）

魂は苦しみ、マインドは混乱し、ハートはその生命の道から逸れ、意志は麻痺することがありますが、スピリットに問題が生じることは決してありません。それが唯一の原則であり、活発で力強くあり続け、損傷を受けても修復します。（55－229）

人生の梯子を握っている自らのスピリットと、自らの魂を理解しているのはどんな人でしょうか。そのような人は、自らの思考と感情のマスターであり、自分で自分を支配しています。また、受け取った知識を生かしたり応用したりすることができます。（32－357）

人のスピリットの力は、受け取った光と知識のなかにあります。（32－357）

あなたの身体のエネルギーを表に出せるようになるには、意識の奥深くに入っていかなければなりません。ですから、真の人のスピリチュアルな生活は、物質のなかに埋もれ、その後、生き返ってからでなければ顕現しません。（64X－175）

物質的な事柄とスピリチュアルな事柄は、結びつきや関連があります。スピリチュアルな事柄は物質的な事柄を、物質的な事柄はスピリチュアルな事柄を反映しています。スピリチュアルな経験は、スピリチュアルな生活を送るのに役立ちます。（39－76）

物質的な身体は外側の足場として必要で、身体が生じなければスピリチュアルも生じることができません。（31－130）

マインドとハートは、神聖なスピリットが現れ、奇跡を起こす状態のことです。（3）

人のスピリットの働きと努力は、マインドとハートによって到達した発達段階で判断されます。（56－146）

このため、ある瞬間のマインド、ハート、そして魂の顕現は、自らのスピリットを顕現させた程度を示すことになります。（65X－210）

人のスピリットは、困難なしには発展も発達もできません。（31－138）

人生での苦しみ、苦難、試練に耐えるための第一要件は、自分の身体を鍛えていなければならないことです。つまり、スピリットは身体のなかに存在することを意味します。（84X－189）

神聖なスピリットは内側から外側に働きます。スピリットが自ら働き始めることが重要です。スピリットが内側から作動し始めるとすぐに、外側の状態と内側の状態を調和させます。スピリットは、生命の内側と外側の状態の支配者です。(56－220)

神のスピリットが内側に生まれないかぎり、向上することも人生の正しい道を辿ることもできません。そうでなければ、外側の苦しみのみがあって、内側に苦しみは一切ないということになるでしょう。(89Ｘ－211)

人生に不可欠なことは何でしょうか。スピリットの自由です。その自由を得るためには、人生の法則を学ばなければなりません。これはスピリットを妨害する制限を取り払うための唯一の方法です。この方法でのみ、人は内なる調和を取り戻すことができます。(69Ｘ－48)

私たちが住む世界は、人間のスピリットを鍛えるための偉大な学校です。(64Ｘ－48)

神聖な道に導くスピリットを傷つけてはなりません。スピリットを傷つけないために、深く思考することを学ばなければなりません。物事を一側面からだけ見てはなりません。物事の深い意味を知ったときにだけ自分の意見を言うようにする必要があります、神がなぜあんなことやこん

なことが起きるのを許しているのか聞いてはなりません。（32－76）

病気にならないために何をする必要があるのでしょうか。スピリットの果実を常食とすることです。その果実を食べないのであれば、自然のマイナスのエネルギーに直面し、疑念や嫌悪を抱くことになります。（32－149）

理解される思考と感情は神の世界の果実を表し、スピリットはそれによって養われます。（32－43）

見た目がよくありたい人、印象のよい顔と輝く目になりたい人は、スピリットに与えるべき食べ物を知らなければなりません。スピリットに適した食べ物を与えれば、物質的でスピリチュアルな美しさを得るでしょう。（32－43）

成長は、私たちのスピリット体を構築するために必要な過程です。私が「成長」という言葉を使うときは、神聖な調和という単位を表すスピリット体の成長を意味します。（31－131）

スピリットは理性的《ノエティック》であり、天国に導く強力な原理です。スピリットは私たちに、最大のギフトを与えてくれます。スピリットの果実は愛です。スピリットに接していなくて、その果実である愛を食べないのであれば、天国の神秘に触れられません。（32－270）

スピリットの顕現された愛、スピリットの顕現された叡智、そしてスピリットの顕現された真実が、神の完全な生命、絶対者、生命の不朽の神をもたらします。（85X－58）

真実のスピリットが来たら、何事についてもあなたを指導するでしょう。（3）

主のスピリットと神の思考があなたを見つけるはずです。そのときが来ました。どうやってそれを知るのでしょうか。人間が自らの器を持って、その純粋な結晶水を引き入れるために神聖な泉に行ったときだけです。（6）

魂

霊界はフィジカル界と結びついていて、人はスピリチュアル的にも物質的にも同時に存在しています。この二つの存在の結びつきが、二つを繋いで支配します。その結びつきが、半霊半物質である魂です。（31X）

魂は潜在意識的な生命です。(86X)

人に与えられた仕事は、魂を発展させて拡大させることです。なぜなら魂に過去の経験が保存されていて、今も現在の経験が蓄えられるからです。意識が拡大するほど、それだけ魂の経験が豊かになります。(39X)

悪を根こそぎにしようとすると、私たちの魂が成長するための条件を残らず失いますが、物事をあるがままに受け入れれば、私たちは正しく成長します。(40X)

困難な状況にあると思ったら、自分の魂に話しかけなさい。そうすれば、助けてくれるでしょう。(56X)

物事の価値を学ぶ過程で、人生に寄与する要素、つまりある瞬間に魂が受ける恩恵は重要です。魂の善良さは、内なる生命によって決まります。内なる生命は、それ自体、内なるワンネスや内なる統合という特徴があります。物事の統合は唯一、神の御意志が行使されるところに存在します。(3)

植物が呼吸するには、汚れを落とす必要があります。人の魂も、神聖なものを理解するためには、汚れを落とす必要があります。そうすれば、生命がもたらされます。(42)

人の魂が神聖になるためには、愛という火の高温と、叡智という高圧にさらされなければなりません。(3)

魂が神聖になれば、それは神聖な光を反射し、周りにほのかな色合いのオーラを形成するダイヤモンドになります。そのようなものが完璧な人の魂であり、その魂は、完璧になることを切望しています。(3)

神聖な魂の賢明な秩序に目を向けなさい。その秩序のなかで力は自由に優先し、自由は光輝く思考に優先します。光輝く思考は、良き感情に優先し、良き感情は良き行動に優先します。こうして、求めている幸福を得るのです。(3)

魂は内なる宝石です。そのなかには、人が発達する条件が含まれています。魂を通じて私たちは神聖な意識に触れるようになり、意識的に神のために働き始めます。これは、自分の仕事をあきらめるという意味ではありません。神聖なものに仕えることは、あらゆる行動は神に属し、神の眼はあらゆるところにあって、あらゆることを見ていることを知ることです。あなたに神聖な思考が浮かんだら、それを受け入れ、内側の神聖なものに道を譲りなさい。(26)

神のために生きるとは、魂の最も美しい状態のひとつを経験することです。(6)

魂は間をとりなすものであり、そこではスピリット界(現実世界)ははっきりしています。(46)

偉大な原理としての愛は、必ずや人の魂に浸透します。(8)

人の魂の強みは、愛を受け入れることにあります。そのように正しく愛を受け入れると、平和、喜び、快活が魂のなかに入り、それに反するものが残らず消失することを意味します。(47)

「美徳、正義、愛、叡智、そして真実」という言葉を内に備えた魂はみな、誰もが愛することができる偉大で美しい魂です。(38)

世界には完全に自由で自立した何かがあります。それは人の魂を照らす愛のご来光です。(4)

人の豊かさは、魂の経験にあります。（37）

自分の魂を見つけることを熱望しなければなりません。自分の魂を見つけたら、隣人の魂をも見ることができます。（7）

生命は、魂たちが連絡を取り合うときに重要です。このことは、人間が共通の生命体であることを示しています。（32）

スピリットは、私たちの内側にある神聖な種子です。魂は私たちの内側にある天使界にあり、木や植物の花のようなものです。その果実は人であり、マインドとハートを通じて示されます。神聖さについて理解せずに人のスピリットについて話すことはできません。天使界を理解せずに魂について話すことはできません。マインドを理解せずに人間について話すことはできません。スピリット、魂、そしてマインドと同じように、神聖なもの、天使のような存在、そして人生は、相互に関わっています。（4）

威厳ある魂の道は、スピリットの良き意向であることを忘れてはいけません。（3）

あなたの魂の自由、
あなたのスピリットの力、
あなたのマインドの光、
そして、あなたのハートの暖かさを維持しなさい。（3）

マインドと思考

私たちのほとんどが、内なる生命と同様に、自分の周囲の状況もマインドの創造的な力によるものだとは気づいていません。純粋さ、光、そして愛を育むことが、効率よく、良きことのために機能させられます。さらにこのことが健全なメンタル体を作り、私たちの身体を何の不足もない状態にします。その育みは精神生活の極めて重要な側面であり、また、そうでしかないため、光と調和について黙想すれば、マインドのなかに秩序と平和を十分にもたらします。それは、私たちが楽器だとして、共鳴が自然に整えられ、私たちを調和する高い周波数の神に、チューニングするかどうかということです。

この世界の創造的な要素はマインドであり、それは物事を作り上げ、美を創出します。（22Ｘ）

マインドは特定の体、メンタル体を纏《まと》っています。そして、独自の臓器や器官があります。その臓器や器官を発達させれば、マインドの問題を解決することができます。（84Ｘ）

人はマインドで学び、光と知識を得ます。（19Ｘ）

思考は光をもたらします。輝いているということは、光が多いということです。（25）

マインドは愛の眼を通して見ているはずです。（56Ｘ）

マインドは常に純粋で光り輝いているはずです。（6）

愛を用いれば、マインドのドアは開き、過去、現在、未来の知識が自然に流れ込み始めるでしょう。そうすると、新しい人生の課題を知るようになります。（6）

マインドとハートを新しく聡明な考えに向かわせるだけで、その考えは十分にマインドとハートの内側で働き始めます。聡明な考えは、高次のハートの中心を目覚めさせるでしょう。（7Ｘ）

マインドは、物事を希薄にしたり凝縮したりすることができ、生活状況を好ましいものにしたり好ましくないものにしたりすることもできます。（7X）

内なる主観的なマインドは、人間の内側にある神聖な原理以外の何物でもありません。（56X）

マインドのキャンドルだけを用いたときに、良き生活が始まります。キャンドルに火が灯っていれば、私たちは守られています。（13X）

マインドが安定していれば、健康です。安定した思考生活を遮るものはありません。何が起きても妨げられません。なぜなら、マインドは神が世界中のどこででも機能していると知っているからです。（6）

マインドに二つの相対する考えが共存しているとき、その二つは意識を二分し、自らの自由を失います。決して自らのマインドを分断させてはなりません。（17）

否定的な思考や状態が生じたら、長居させてはいけません。血を毒することになるからです。

(13)

賢明な人は神を知っている人であり、その人を通じて神が顕現します。(28)

賢明な人には、思考という強い力があります。(27X)

感情の方が思考よりも強い場合には、人々は放心状態となり、記憶力もなくなります。記憶力を強化したいならば、感情を調和させるべきです。(76X)

どれほど精神的に成長したかと考え始めたら、間違いなくつまずきます。(84X)

人は、マインドに明るく光り輝く思考を受け入れたら、光を栄養にします。光を栄養として正しく吸収する人は、聡明なマインドを持っています。(32)

(32)

私の願いは、あらゆる人々のマインドが、甘くておいしい果実で満たされた庭になることです。

思考は、コーザル体によって創造されたイメージで作られます。(29X)

思考は、それが顕現する瞬間を待ち構えています。その瞬間はいつ来るのでしょうか。マインドが思考を指揮し始めたときです。(46X)

思考と感情は、それが顕現する条件を求めていて、好ましい条件を見つけたらそこで止まります。(6)

思考はみな、詩的で音楽的でなければなりません。愛、叡智、そして真実が内側に住んでないとき、思考はスムーズに動きません。思考がスムーズに動いていないとき、人生はうまくいきません。(3)

どんな思考も、実現させたいならば、明確にしなければなりません。(13)

思考は栄養です。考えなければ、魂は飢えて死にます。(4)

マインドによって受け取るどんな思考も、しっかりと噛みしめなければなりません。つまり、理解して活用するということです。活用は消化の過程です。消化するなかで、食べ物の一粒一粒が、決められた場所に運ばれます。（3）

整然と思考するためには、光を持っていなければなりません。太陽が昇ると、風景がはっきりと見えるようになり、そのことについて話したり、描写することができます。あなたが学んだとしても、太陽が昇るまでは何も見ることも、何かについて話すこともできません。この物質界で太陽が表しているものは、人の意識を照らす神聖な光です。この光が人の意識に浸透した途端、あらゆるものが明白かつ目に見えるようになります。意識にこの光がない人は、全くの暗闇のなかにいます。意識に神聖な光がある人は自ら光を放ちます。この光がなければ、人は小さなキャンドルしか持っていないのです。（3）

最も小さく神聖な思考が私たちの生命のなかに浸透したら、内側に向けて自立し、内なる自信が発達し、これが小さな光、小さな平和、小さな喜びをもたらします。神聖な思考が成長することによって私たちの愛、光、平和、そして喜びが徐々に増大します。この瞬間、全人的な成長が起こるのです。（6）

人々は、自分たちが地球上と、地球以外の何百万という他のマインドと繋がっていることを知

る必要があります。その繋がりが調和していれば、その生命から生じるものは良きものになります。(56X)

人はまず物事を感じ、それから思考に進みます。崇高な感情は、美しく聡明な思考の心構えです。(57－38)

どの思考もどの願望も、自然と調和していれば、そこには常に拡大と内なる明るさが伴います。自然と調和していなければ、内なる束縛、内なる制約を感じます。(18X)

健全な思考は、魂には平和を、スピリットには光をもたらします。健全な思考は、人々のなかに意識の拡大を引き起こす反応を呼び覚まします。(34X)

思考はあらゆるものを動かす力です。何かについて長時間思考すると、その方向で驚くべきことを成し遂げるでしょう。ある対象物を動かすことに長い時間集中すれば、そのような離れ業も成し遂げることができるでしょう。人の思考が連続していれば、その思考が環境を変化させうるのです。思考は周囲の状況を変えることができます。特定の問題に関する人の思考には、共通の繋がり、連続性があるはずです。(95X－199)

思考や感情が強いほど、そこから発せられる光と暖かさが増します。（76Ｘ－107）

誠実であり、かつ前向きな思考は、唯一人々とその周りの人たちに有益な類のものです。（28－47）

良い思考と良い感情により、寿命は長くなります。（38－37）

どんなことが起ころうとも、頭のなかは前向きな思考を保っていなさい。（38－97）

あなた方は新しい思考を創造する必要があります。確立された思考を繰り返すのでは十分ではありません。物事を繰り返しても、知識には到達しません。（28－275）

マインドのなかの古い考えを捨てなければ、新しい考えを生み出すことができません。（31－84）

どの思考も、あなたが言葉で表すまでは強力です。（77Ｘ－20）

純粋で光り輝く思考だけをあなたのマインドのなかに置いておきなさい。邪悪な思考や願望は避けなさい。そのような思考が顔のシミとなることはありませんが、悪い物事を引き寄せます。（58－150）

思考は良いものも悪いものも、それを創り出した人の周りをぐるぐる回ります。人はときに、特定の考えがどのようにして自らのマインドに入ってきたのか、不思議に思うことがあります。その考えが、まさに自分が空間に投影したものであることを薄々感づくということはありません。（95X－207）

考える人――深刻に考える人――はみな、考えない人よりも頭の中が輝いています。光は真実と繋がっていて、真実は叡智を刺激するものです。私たちは叡智によって真実を求めます。ですから、光は人の脳内で起きる動きの結果です。真実を求める者ほど、内側に強い光を持っています。（69X－30）

問題に対して正しい答えに辿りつきたいのであれば、くよくよ考えるのをやめなさい。高次の世界から前向きな思考を受け入れられるよう、心配事やトラブルについて無抵抗にしているのです。このような思考は、問題を正しく解決するのを助けてくれます。これが、自然に問題を解決

する方法です。（28－79）

正しい思考の方法が身に着けば、自分自身を現状から解放するでしょうし、身の周りのあらゆるものが変化して、新しい光のなかで世界を見ることになります。（24）

神聖な思考の力は、それを活用することにあります。生活のなかである思考を活用することは、それが真実であることを知るということです。（6－35）

感情が伴わなければ、思考が現実のものにはなりえません。感情は刺激を与えるのに対し、思考は形をもたらします。（92Ｘ）

感情は木の根、思考は木の枝です。（58Ｘ－266）

自分自身と霊界とを結びつければ、思考は強力な力のように働きます。（31－174）

一つひとつの思考は、成長して果実が実るよう、しっかりと植えなければなりません。（64Ｘ－173）

人の思考や願望が現実のものになるには、一定の潜伏期間が必要です。その期間が長引いたり短縮されたりすると、現実化の可能性は失われます。(18－80)

自分で自分を助けるにはどうすればよいのでしょうか。思考するのです。思考すれば、よくない状態に支配されている状況から自由になります。(58X－243)

人々は、健康を増進させたり、才能を発達させたり、記憶力を増大させたりする提案を利用することができます。あなたがどのような状況にあっても、自分の仕事を続けるための好ましい土壌を見つけることができるという前向きな思考を忘れずにいなさい。(76X－88)

良き思考は脳を健全な状態に維持します。(32－127)

徹底的に思考しなさい。ただし心配はしないように。(83X－122)

毎日五分間、永遠の命、神、善良な人々、良き父と母、良き友人のことを考えて過ごすのです。高貴なことについて考えれば、あなたのマインドは向上するでしょう。(31－79)

人々は、自分の思考や願望を神聖な状態に維持する必要があります。それが神の世界に繋がる道だからです。（6－35）

人の思考には素晴らしい力があります。それはあらゆるところに浸透し、いつの間にか物事を変えます。（84X）

ハート、感情、願望

マインドの最高の表現が光と叡智であれば、純粋なハートの最高の表現は愛です。愛は、それ自体がベインサ・ドウノのメッセージの真髄であるため、感情と願望を養うことが、スピリチュアルな作業としてとても重要であり、新しい文化に対するドウノの理想像は愛の文化であり、ハートの文化であることから、なおさらです。思考は方向づけられ、体系立てられる必要があるのと同じく、感情と願望も気高さと純粋さを栄養として育まれる必要があります。

神は、私たちが善良であるために地球を
私たちが純粋であるために水を

私たちが正しく思考するために空気を
そして、私たちが正しい道を歩くために光を創造しました。

ハート

聖書にはこう書かれています。「息子よ、ハートを私に差し出しなさい。神はマインドを求めてはおらず、ハートを求めています。神にあなたのハートを差し出せば、生活が豊かになるでしょう。（42）

全エネルギーと全努力をハートの高貴さに向けなさい。新しい文化はハートの文化になります。そうすれば、人々は互いに兄弟姉妹のように感じるでしょう。同胞団としての生活を送るようになり、ハートに愛が示されるでしょう。（25）

人体は、神の神殿であると言われています。神殿の暖炉がハートであり、そこでは絶えず炎が燃えています。（81X－80）

ハートは、生命の泉が絶えず流れ出ては入る場所です。（76X－115）

ハートは宇宙と繋がっていて、そこから生命エネルギーをくみ上げています。（27－270）

小さくて弱く、力なき被造物に対してハートを寛大に開いている人ほど、多くを与えられます。（71X－17）

「ハートが純粋な人は祝福されています。神を見るであろうからです」と言われています。（146X）

人々は、純粋なハートを持っておく必要があります。純粋なハートは泉です。与えれば与えるほど、そこから流れ出すものも増えます。（71X－177）

善良な人でいることは、きちんと整えられたハートを持っているということです。（76X－77）

善良で調和のとれたハートは、すべての苦しんでいる人を思いやります。（79X）

神がハートに影響を及ぼすとき、それは穏やかです。私はこう言います。「友よ、来なさい。

私はいつでも、私のパンをあなたに分けてあげます」。（83X－22）

内に密めた炎が燃えているハートは、気高く崇高な感情や思考の泉です。（56－183）

才能と能力はその炎の影響を受けて正しく発達します。（27－117）

人から発せられる生命力は、気高いハートゆえです。そのような人は、愛されないはずがありません。そのような人の顔は輝いています。（76X－75）

ハートが中心にある人は、魂が永遠の泉を支配している人です。（91X－11）

ハートが正しく感じていれば、魂は健全です。魂に栄養を与えるのはハートです。（84X－8）

崇高な存在は、崇高な衝動、気高い感情、願望をハートのなかにもたらします。（46－202）

人生は、ハートが愛で満たされているときに意味を持ちます。（27－82）

ハートのなかに神のための場所を用意しなければ、人生の道を遮断することになります。（27－76）

常にハートの声に耳を傾け、その道を歩みなさい。神聖な法則は、ハートに書かれています。（27－336）

どのハートも、絶え間なく流れる純粋な泉でありますように。（32－375）

感情

胃に食べ物が必要なように、ハートには感情が必要です。（46－228）

感情は、本質的に投射される理性的《ノエティック》なエネルギーを表現しており、その指揮者です。（97X－626）

感情はマインドが用いるエネルギーを集めます。（43－111）

人が何かを感じるとき、その人の感情は同時に血液を循環させています。気持ちが前向きであれば、動脈血を循環させて、前向きな思考を引き起こします。（2－25）

神聖な感情は、人々に何が正しくて何が間違っているかを囁きます。その感情は、あらゆる嵐や試練に耐えられるよう、健全で、力強く、かつ安定させられる道徳性の高い領域において方向を示します。（27－268）

感情が正しく形成されていなければ、ハートの結論と推論は間違ったものになるでしょう。（39－63）

弟子の基本的な感情のひとつは、生きとし生けるものに対する思いやりであり、少なくともその弟子が苦しむのと同じだけ苦しむという知識です。（43－300）

愛のない感情は、何の役にも立ちません。（91X－57）

道徳的な感情と社会的な感情は、順応性を育てます。（18－176）

人は、何ら苦しまずに感情の深みに達することはできず、喜びがなければ、感情は拡大できません。人々の感情は深みと幅が増すほど、精神的な生を開花する可能性が広がります。（76Ｘ－１２０）

人々は、否定的な感情にならないよう保護するために、意識を目覚めた状態にしておき、崇高で理性的《ノエティック》な存在と繋がっている必要があります。（84Ｘ－34）

人々は、内なる感情と資質を発展させれば、外側の状態に征服されることはないでしょう。それからその人たちは、出来事を予言することができるようになります。（27－161）

弟子としてあなた方は、神聖な感情を発展させるために、自分自身に働きかけなければなりません。（21－312）

あなたが何をしていても、どんな仕事をしていても、それを利用して、あなたのハートのなかにある優しく気高い感情を発展させなさい。（43－315）

願望

願望とは何でしょうか。願望を具現したいと願う人の内側に集められるエネルギーです。(16－78)

願望はハートの栄養です。(27－185)

願望を殺すということは、ハートを絶滅させるということです。(27－185)

強い願望は、人々の細胞や臓器を刺激し、特定の活動に導きます。(84X－52)

強い願望は、人類の未来を決定します。(76X－196)

成長したい、向上したいという人々の願望は、つかの間のものではなく、太古の昔から存在する願望です。(76X－214)

どんな自然な願望も、成就させなければなりません。それは人々を刺激します。自然な願望は

理性的《ノエティック》なものです。（84X‐47）

自分にとって無益なものを願う場合、その人はすでに自分のやり方に何らかの毒を盛ってしまっています。自らを破壊してしまう毒を。（71X‐214）

人々は常に、過去の時代から持ち越された自分たちのものではない願望の影響を受けています。（84X‐182）

賛美、豊かさ、知識を求める飽くなき願望は、いずれも大昔の動物の願望の名残以外の何物でもありません。そのような願望に対処するためには、人々は、第一の願望に相当する別の願望を見つけ、大昔の願望のエネルギーを新しい願望に注ぎ込む必要があります。（84X‐193）

神聖な泉に行き、あなたの魂に本質的に関わっている願望を直接受け取りなさい。神聖な泉はどこにあるのでしょうか。それは、人の意識の内側です。立ち上がってあなたの意識のなかにある新しく崇高な願望を受け取りなさい。（46‐17）

人は、強い願望を持たなければなりませんが、多くではありません。（84X‐52）

人は願望をたくさん持つべきではない、と言うとき、人は人生の重荷から自分を解放すべきだ、という意味です。この法則は、あなたを押しつぶしかねないことを願うことではありません。（71X－167）

極端な願望を抱くことによって自らに不運をもたらします。ですから、そういった願望を抑止する方法を学ばなければなりません。数々の願望を実現したいというのは、あなたがそれに熱中しているということです。（85X－8）

自らの才能を傷つけないためには、不要で実りのない願望を諦めなければなりません。つまり見極めが必要であり、どの願望を持ち続け、どれを保留しなければならないかを知る必要があります。後者は自らの人生の肥やしです。（76X－110）

不自然な願望がハートのなかに入ってきても、それと戦ってはいけません。そうではなく、それを手放す方法を探すのです。（46－20）

私たちは、自らのあらゆる感情と願望をマインドのなか、マインドのプリズムを通過させなけ

ればなりません。（50－4）

自然の法則に従って生きている人々が、願望を叶えます。（27－42）

自分の願望をひとつでも叶えるには、神と繋がることが必要です。（97X）

人は望んだことを残らず達成することができますが、意識を変化させることが必要であり、自分自身にまじめに働きかけなければなりません。（56－122）

私たちは、人生のあらゆることを達成することができますが、その時期は決められています。何事にも最適な瞬間がありますが、私たちは注意して、その決められた瞬間がいつなのか気をつけていなければなりません。（38－48）

自らの願望を達成するためには、ハートが神聖な感情を抱けるよう、マインドが神聖な思考ができるように開放しておくだけで十分です。（27－187）

崇高な願望は、その願望の実現を助ける高次の存在の意識に繋ぐ働きをします。そうして人は、

その存在たちの光を意識して生きるのです。(76X-51)

あなた方は弟子として、自分の魂の願望を達成するために、我慢し、立ち直らなければなりません。(76X-98)

願望の実現には信頼が求められます。(98X-17)

強力で理性的《ノエティック》な内なる願望の声が聞こえたら、それを遮断してはいけません。それが現れてくる機会を与えなさい。良き願望の実現の結果は常に良いものですが、その結果はしかるべき時期に、良く考え抜かれた計画に従って、再現される必要があります。(46-78)

何かを達成したいのであれば、思考というかたちでその願望をマインドに導き、そのうえでこのフィジカル界で現実化に取りかかる必要があります。(76X-53)

法則によれば、願望を実現するには、その願望を潜在意識のマインドのなかに置かねばならず、そうしたら、その願望についてはそれ以上思考しないようにする必要があります。そして、その願望がいつ実現するか、どんな結果になるかを考えずに、その方向に動きなさい。(84X-53)

土に種子を埋めなさい。そうすれば、願望を叶える方法を示してくれるでしょう。（27－112）

願望を持つだけでは十分ではありません。願望をきちんと整理する、すなわち、あれこれ願う理由、どうやって実現するのか、そして、願望の結果がどのようなものになるのかを知る必要があります。（46－23）

素晴らしい願望は、光を導く聡明なマインドのため、物事が成長するのを助ける暖かさに満ちたハートのためである必要があります。ハートがあらゆる神聖な考えの成長を助けるよう求める必要があります。あらゆる困難に打ち克つ意志の力を求める必要があります。光と暖かさが支配する世界に生きなければなりません。——そうすれば、願いは何でも叶うでしょう。（38－76）

願望が神聖なものならば、ほかの人の意見について考えずに実行しなさい。人間の願望が神聖であるなどと考えてはいけません。そんなことをすれば、身の上に不運なことをもたらすからです。（39－83）

意志

意志は、マインドとハートと三角形をなす三つ目の部分です。弟子の理想は、この三つがどれもバランスよく発達し、正三角形をなすことです。ニューエイジの推進力の大部分はハートに由来し、マインドと意志を犠牲にすることが多々あります。意志がなければ、私たちは精神力、勇気、忍耐力を欠き、計画を実行して実を結ばせることができません。ベインサ・ドウノは、意志を強化する方法を推奨する上で、リラ山脈の峰々へ登ったり、身振りとスピリチュアルな慣習的な方法を組み合わせたり、精神修養と身体運動の二つを融合することがよくありました。意志にはさまざまなレベル――精神、情緒、身体――があり、それぞれを鍛え、相互に影響を及ぼし合うことが必要であることを以下にご紹介します。

意志は安定、勇気、効力を与えます。(22)

意志の力を発達させれば、どんな願望も実現させられるでしょう。そうするためには、小さなこと、小さな考えから始めなさい。(48)

意志を強化するためには、まず良い習慣を身に付けなさい。(28)

良きことをするには、意志が必要です。生活を向上させるには、意志を持たなければなりません。良きことのなか、良きことを通じてのみ、向上することができます。悪い行いをするのに意志は必要ありません。単にその流れに踏み込むだけで、悪い方に引き込まれます。良きことをするには意志が必要です。（20）

人の強さは、意志の力の質によって決まります。（9－49）

意志の力は気力であり、あらゆることを行うエネルギーです。そして思考と願望の結果です。（10－78）

マインドはプラスのエネルギーであり、ハートはマイナスのエネルギーです。しかし意志の力は中庸です。あなたの意志の力が強くなければ、マインドとハートのエネルギーを調節することができません。（58X－226）

意志の力は、新しい道を歩き、神聖な法則に従って動いたマインドとハートの、生産的な作業の結果です。（95X－47）

意志は三つの世界、すなわちメンタル界、感情界――気持ちと願望の世界、いわゆるアストラル界――そして、フィジカル界に現れます。（25－33）

たとえ九十九回拒否されても諦めない人は、意志の力のある人です。その人の意志の力は百回目に成功するでしょう。（25－70）

意志の力は、人の手、足、舌、目に表れます。感覚は意志の力の収納場所です。意志の力は感覚を通して顕現し、作用します。（25－36）

どんな人にもなすべき仕事があり、自分自身の身体の問題を扱わなければなりません。身体には何兆個もの細胞があり、それを理性的《ノエティック》に、かつ意識的に支配する必要があります。一つひとつの細胞にはそれ自身の理解力があり、人は全細胞の生命の調整を図り、組織して、ひとつの共通の偉大で理性的《ノエティック》な意志に服従させなければなりません。（27－248）

意識的な人にとって、苦難は意志の力を発達させるための条件です。（76X－161）

人は、自らの意志に対して妨害を受けたときにのみ、発達しはじめます。（4－34）

実行不可能なことが与えられることがあり、それを克服すれば、意志の力があり、自分自身の内側にある隠された超自然エネルギーに気づくことができ、そのエネルギーを作用させられることを示せます。（94Ｘ－9）

気持ちを害する人もいます。それを克服することができれば、意志の力があります。（77Ｘ－7）

人々は、ようやく今、自らの理性的《ノエティック》な意志の力をもって働き始めています。理性的《ノエティック》な意志を示す人は、自らの思考、感情、そして行動をきちんと整えなければなりません。（46－23）

小さなことで自らの意志を強化する練習ができます。（25－38）

神の御意志に従う存在もいれば、自らの意志に従う存在もいます。（32－69）

弟子の職務のひとつに、マインドとハート、すなわち自分自身の考えと感情、エネルギーと才

能を支配するというものがあります。いずれも、理性的《ノエティック》な意志の力で管理しなければなりません。（95Ｘ－113）

何かをしようと決めたら、すぐに実現するよう動かねばなりません。何事も先延ばしにしてはいけません。良き願望ならば、直ちに実現に取り掛かりなさい。（18）

良い習慣を身に付けることは、意志の力を強化するための最初の条件です。（58Ｘ－8）

決まった時間に眠ることができれば、意志の力が強いと言えます。意志の力は練習時にのみ試されます。意志の力を強化するには、夜の就寝時に、自分自身に、右を向いたままで眠りたいと言いなさい。朝、右を向いたままであれば、意志の力は強いということになり、左を向いていれば意志の力は弱いということになります。しかし、それでがっかりしてはいけません。良い結果が得られるまでこの練習をするのです。（25－33）

どんな意志の力の持ち主にならなければならないのでしょうか。鉄のようなものでも岩のようなものでもなく、ダイヤモンドのような意志の力の持ち主です。（81Ｘ－88）

理性的《ノエティック》な意志の力を自らの生命の基礎とした人、すなわち理性的《ノエティック》な意志の力が愛に支配されている人はほとんどいません。（95Ｘ－１４３）

意志の力の強さは、思考と願望の強さで決まります。思考と願望のイメージが強いほど、意志の力は積極性を増します。（18－１０６）

自分の意志の力に働きかけるときには、物質的な人――身体――を扱い、それから感情を扱い、その次に思考を扱います。これは、身体を再構成し、もっと回復力と抵抗力をつける要素をもたらすことができる唯一の方法です。こうして、感情に対しては素晴らしい粘り強さを、思考に対しては素晴らしい強さを取り入れることになります。（25－40）

マインド、ハート、意志のまとめ

マインドは創造します。マインドは橋渡しです。（27）

マインドが疑ってばかりいるのは、思考ではありません。心配するハートと疑うマインドは、どこにも辿り着きません。ハートに高貴な感情を置き、マインドに聡明な思考を置き、そのまま

にしておきなさい。(3)

あなたの魂の深いところから浮かび上がってくる強力な願望、思考、そして感情は、神聖な泉です。神聖な衝動の道には、どんな障害物も置いてはいけません。(42)

豊かさと力はマインドとハートの本質です。マインドとハートを導き、豊かさと力を利用する源は、意志です。(6)

ハートは、人生の問題を解決できず、マインドが働かなければなりません。マインドが働き始めたらすぐに、ハートをパートナーとして結び付けなければなりません。(6)

優れたマインドとハートを与えられた人にとって、礼儀正しく振舞わず、隣人の本質を正当に評価しないことは許しがたいことです。ですから、どんな人も自分自身に対して正しい行いをして、小さなことにも感謝の意を表さなければならないのです。この感情が発達するにつれて、内なる姿勢も発達します。内側の行動も外側の行動も正しくない人は、神聖な意志と衝突します。どんな不平不満や不快な気持ちも、些細な事柄を誤った方法で関連付けたり意味付けしたりしたことによって生じます。物事と外側の関係が正しいだけでは十分ではなく、内側も同じでなけれ

ばなりません。つまり、生きとし生けるものを愛し、自分自身を扱うように生きとし生けるものを扱うということです。（3）

思考はマインドの資本、感情はハートの資本、行動は意志の資本です。人は豊かですが、その豊かさを利用するには責任があります。（3）

正しく思考しているときは神の世界にいます。正しく感じているときには霊界にいます。正しく行動しているときには物質界にいます。しかし、考えも、感じ方も、行動も正しくなければ、それぞれ対応する世界から追い出され、市民権を喪失します。（14）

神を受け入れることは、人生を諦めることではありません。神を活用し、神の御意志に従って生きなければなりません。このようにしてマインドとハートを整えます。人々がこのようにするとき、世界が正しく整えられるでしょう。（26）

誰もがマインド、ハート、そして意志に取り組まなければなりません。単純であっても学問があっても、使用人であっても統治者であっても、貧しくても豊かでも。生命という財産はみなのものであり、だれかの権利はみなの権利です。（18）

人生で何が起ころうとも、マインド、ハート、そして意志のバランスを維持するのを忘れないように。(3)

思考も感情も行動も、どんな形となって現れても、絶対的に純粋であるべきです。(3)

感情の影響を受けることは良いことですが、まず、高貴なハートを持たねばなりません。気高さは、純粋に個人的な感情の斜面を滑り落ちるのを妨いでくれます。人間は感情、思考、そして行動が完璧である必要があり、そうであれば、自分が発するどの言葉にも慎重になります。(3)

どんな考え、どんな感情、どんな行動も、マインド、ハート、そして意志を通して濾過しなければなりません。濾過したうえでのみ、魂の庭に植え付けることができるのです。(18)

人間の営み

人間の営みは隅々に至るまで、森羅万象を成しているとはいえ、そのような状況では、誰もが全体を形作る不可欠な部分として、生きとし生けるものと関わり合っていることになります。これが道徳的なものの見方の中心です。愛に基づく道徳は、自然に与えること、犠牲、相互扶助に繋がり、良い行動は直接的な表現であり、愛の結果です。行為はさらに、マインド、ハート、そして意志の究極的な物質化であり、内なる発達の試金石です。

あなたはまず、全体を愛する必要があり
全体を愛することが、部分を愛することになり
宇宙の愛に到達したとき、あらゆる存在を愛します。
なぜなら、ひとつに統合された生命が、あなたにとっての現実だからです。

自分自身のためだけに生きていると、道徳的にはなれません。他人のために生きていても、道徳的にはなりません。真に道徳的というのは、まず神のため、万物のために生きている人のことです。（96Ｘ－163）

自分のためだけに生きている間は、活動の条件が制限されています。他人のために生きていると、活動の条件は豊富になり、生命について理想的な理解に達する、つまり神聖な法則を満たすと、すべてが内に備わっている生命に充足感を覚えます。（7－5）

生きとし生けるものの生命の利を考える、至高の道徳性を得ようと努力しなさい。（27－296）

思考や感情、そして行動のなかに、助け合いたいという願望がなければ、人々の間に繋がりは存在しえません。（34－102）

人に関わる前にまずすべきことは、マインドででもハートででも、良き特徴、すなわちそうしようと思う根本的な考え、高貴な感情、または生まれながらの才能を見つけることです。（60X－25）

形と力とエネルギーの三者の関係性についての自然の法則が存在します。理性的《ノエティック》でもあればその逆でもあり、調和的でもあれば不調和的でもあります。関係が理性的《ノエティック》で調和的であれば、私たちは、人生のあらゆるところで成長することができます。（71X－146）

調和している魂に自分自身を繋ぎなさい。（72X－1）

正しく成長し発展するには、少なくとも毎日、自分よりも進んだひとつの魂と自分自身を繋がなければなりません。（72X－15）

人の生活には三つの大切なものがあります。神に仕えること、自分自身を尊重すること、そして隣人を愛することです。（3－12）

人に愛されることを期待してはいけません。まずあなたが愛しなさい。（90X－328）

人と会うときは、その人のことを良く考えなさい。その人が素晴らしい思考を持っていて、素晴らしい感情を内に秘め、優れた魂とスピリットを持っていると自分自身に言い聞かせなさい。人をについてこんなふうに考えていると、相手も同じように対応するでしょう。（38－22）

あなたが理性的《ノエティック》で、自分自身の良いところを見るように、隣人たちの良いところを見れば、誰もがあなた、あなたの親族、あなたの友人、あなたが住む社会などを愛するでしょう。（27－201）

私たちは、愛の法則とは魂同士の繋がりであると言っています。愛の法則は人間同士の相互扶助を強く求めています。（72X－17）

二人が愛し合っているとき、その二人は自分たちのエネルギーを第三の中心、すなわちお互いに共通のものに向けなければなりません。そうはせず、単に自分たちの間だけでエネルギーを流していれば、その二人は衝突し、爆発し、そして自分自身を見失うでしょう。（28－268）

ふたつの存在の意識が目覚めているとき、しかるべき瞬間に自分自身を犠牲にし、お互いが相手に奉仕し、しかるべきときに神の御意志を果たします。（28－49）

理性的《ノエティック》な人は、周囲の人たちに対して正しい態度を取ろうとします。その人たちは自分の思考、感情、動作に慎重で、大切な相手にも自分自身にも、危害を加えようなどとはしません。（20－23）

同士が調和し、愛し合ってさえいれば、必ず友好と真の友情が存在します。（95X－249）

二人の間で三つの共通点、すなわち物質界、スピリット界、そして神の世界が共通していれば、その二人は友人になることができます。（87X－224）

二人の友人が親密になると、そのアストラル体は結びつき、エネルギーはお互いに流れ合い始めます。（17－26）

友人とは、ただ相手の成長のために進んで自分を犠牲にする人です。（25－63）

苦難のときに誰が友人かがわかるでしょう。（86Ｘ－51）

人が本当にお互いを尊重し、いつでも譲歩するつもりでいれば、生命がすばらしく調和するでしょう。（31－118）

どんなに困難な瞬間にも、遂行する任務が厳しいものであっても、いつでもお互いを助ける準備をしておきましょう。（82Ｘ－221）

奉仕することは、私たちの内側の神聖な要素の具現です。（103Ｘ－63）

どんな人も、その人の試練から解放することはせずに、助けなさい。（85Ｘ－84）

生きているうちは、ほかの人のことを考え、犠牲を払わなければなりません。犠牲なしにはそれは不可能です。私たちは、犠牲という言葉に理性《ノエティック》的な過程という意味を込めます。犠牲は私た

ちに力と回復力を与えてくれます。犠牲を払うことは、人生で最も理性的《ノエティック》なことをするということです。（85X－134）

与える人は、繊細、敏感でなければならず、求められる前にほかの人の要求を理解し、助ける必要があります。（45－221）

ハートを開かせるために、与えることには愛が込められている必要があります。そこには、叡智と真実も加わっている必要があります。人の意志を存分に働かせるためであり、そうすれば人々は、喜んで神の御意志に従うでしょう。（27－384）

あなたが常に湧き出る泉なら、あなたのもとを訪れる人は絶えないでしょう。つまり、あなたは決して孤独にはなりません。あなたが私欲なく与える泉なら、あなたの人生は正しい道を流れるように進むことは間違いありません。（18－33）

善良な人とは、神の理性的《ノエティック》な御意志が表現された人です。（97X－101）

良い行いは、物質界で表現される愛以外の何物でもありません。（34－107）

善良であることは簡単ではありません。それは、どこでどう良い行いをするかを知るための方法です。（95Ｘ－294）

良い行いをするだけでは不十分です。正しいときに正しい場所で行われなければなりません。（45－216）

私たちが与える状態になると、心の内側で神の御意志に従っているという喜びを常に感じているはずです。（95Ｘ－50）

良い行いは、私たち自身の手で行ってきたものしかありません。ですから、あなたは仕事をして、労働で得た果実を手放して何かを与えること学ぶ必要があるのです。（83Ｘ－43）

良い行いをしたいと思うなら、愛なしで行ってはいけません。（83Ｘ－50）

良い行いは悪い行いとは異なります。良い行いは常に建設的で創造的ですが、不道徳な行いは破壊的です。（83Ｘ－63）

あなたの良い行いが限りなく小さなことであっても、あなたには偉大な知識よりも大きな恩恵がもたらされます。（85Ｘ－１６０）

人は毎日、思考、感情、行動のいずれかとなって現れる良い行いをする必要があります。そのような良い行いは、泉に対しても、植物に対しても、ハエや人間に対してもすることができます。どんなに小さな良い行いでも、行わなければなりません。（45－１７７）

与えることと受け取ることに意味づけをするため、人は感謝を表さなければなりません。与える人と受け取る人から流れ出るエネルギーは、神聖なエネルギーであり、そのエネルギーの預金口座は維持されています。エネルギーを無駄に使うことはできませんし、そうするべきでもありません。自然界には、エネルギーの量と、そのエネルギーを使った人を記録する厳密な計器があります。（25－１１４）

どの人の思考も、感情も、行動も、神に対して、良き物事を授けてきたあらゆる崇高な存在に対して、感謝の意を表するものでなければなりません。（28－１８３）

不可欠なことがひとつあります。それは、神が創造した世界は良きものであり、自分たちに与えられるあらゆる物事に感謝すべきであると、人々が悟る必要があるということです。（87Ｘ－150）

小さくても良き物事に感謝していれば、もっと大きな良き物事がやってくるでしょう。悪いことが小さいことに感謝していなければ、もっと大きな悪がやってくるでしょう。（87Ｘ－310）

人の幸福は自由にあります。人を支配する人は、どんな人も不幸を連れてきます。人を自由にする人は、どんな人も幸福を連れてきます。（89Ｘ－322）

私には、人を支配する権利も、他人に属するものを悪用する権利もありません。私には、自分自身の思考と願望のマスターである権利だけがあります。私自身の思考と願望を支配することができるのは、私だけです。ただし、私は自分の外側にあるほかのどんなものにも奉仕します。（31－120）

人のことについて意見してはいけません。神の善行について意見していることになるからです。神がその人たちをどう処遇しているかをあなたは知りません。神は、その人たちに対する働きかけをまだ終えはていません。他人の欠点を探すことほど悪いことはありません。ただし、あなたがその人たちの勘定を支払うつもりでいるのであれば別です。（38－47）

批判し合ってはいけません。相手の特長を探しなさい。（90X－116）

判断を差し挟まずに他人の失敗から学ぶ人は、愛を持ち続けていることになります。（32－16 2）

どんな人も教訓となる実例です。その人を好きでも嫌いでも、裁くことも褒めることもしてはいけません。あなたがしなければならないのは、その人から何かを学ぶことです。（90X－116）

他人にあなたを裁かせたり正させたりするのではなく、あなたを裁き、あなたの誤りを正すのは、あなただけの方がよいのです。（28－148）

あなたが人を許さないのであれば、あなたは自らのマインドに、その人をその罪悪とともに抱えておくことになり、そのことによってあなたは汚《けが》れるでしょう。（89X－21）

人の口から発せられる言葉は、柔らかく、その一言ひとことが人の耳に心地よく響くものである必要があります。（95Ｘ－２３７）

人に何かを話してマインドが喜びを感じるのであれば、あなたが話したことは真実です。（49－14）

人について良い話をするときは、あなたが得をして、人について悪い話をするときは、その相手が得をします。それが法則です。（31－95）

人々は、自らの未来をその口を通じて創造します。理性的《ノエティック》に話をすれば、自らに対して輝かしい未来の準備をしていることになります。（26－40）

人の罪悪や犯罪は許すことができますが、嘘は決して許されません。それは、最も小さいとはいえ害悪であり、そこからほかの害悪が湧き出てくるのです。（54－30）

あなたが何かを約束すると、道の途中でクマ一〇〇匹と会うかもしれませんが、約束は守り続けなければなりません。（28－5）

物事を先送りしてはいけません。生活のなかの好ましい状況を常に意識して、それを利用しなさい。どの思考も、どのアイデアも、どの真実も、決まったときに与えられるからです。（95Ｘ－139）

約束の厳守は、人生において調和であり、判断基準であり、音楽です。（28－163）

理性的《ノエティック》な生活の第一条件は約束の厳守です。約束を守らなければ、願望を実現することはできません。（46－175）

人はみな、まじめに、喜びながら、愛を込めて、しかも無理強いなく、働かなければなりません。（56－129）

喜びは愛の第一の化身です。誰かを愛していれば、嬉しいと感じています。相手があなたを愛していれば、その人が嬉しいと感じています。喜び以外は、どんなものも二番煎じです。（26－209）

持っているものに夢中でありなさい。光をもたらすマインドによる啓示を受け取りなさい。ハートの温もりを喜びなさい。何千年、何百万年の長きにわたって神聖な天の恵みを持ち続けてきた魂を喜びなさい。スピリットが神の道を歩ませてくれていることを喜びなさい。どうして落胆することなどあるのでしょうか。与えられるあらゆることをうれしいと感じ、神聖な法則に従って生きなさい。（32－17）

喜んでいるとき、人は歌を歌っています。歌手ではなくとも、奥深くで歌っているのです。（80X－6）

私はあなた方一人ひとりから受け取れたらと思っているものがあります。それは第一に最も優しい感情、最も柔らかい目くばせ、そして最も甘い言葉です。（79X－18）

これまで与えられてきたものに感謝してください。マインドやハートの豊かさ以上に、魂やスピリットの豊かさ以上に、どんな富をあなたは期待しているのでしょうか。そのような豊かさは、地球上のどの王様の豊かさとも比較になりません。（32－15）

あなた方は、神聖な愛、神聖な叡智、そして神聖な真実を顕現するための生きた目、生きた耳、

生きた口にならなければなりません。そうすることによってのみ、生命、知識、そして自由が訪れます。（32―113）

結婚は自己犠牲の法則ですから、あなたは清らかさに到達するか、またはインドで言うところのカルマを支払います。（86X―285）

マインド、ハート、そして意志を尊重しなさい。すぐ近くの人、あらゆる動植物に対して、自然全体に対して良く振る舞いなさい。周囲にあるあらゆるものを尊重しなさい。そうすれば、新しい生命の弟子、愛の弟子になります。（3）

マインド、ハート、意志、魂、スピリットと調和を図りたいならば、人類愛や友情を人生の基盤としなさい。（16）

ハートが純粋でなく、マインドが神聖でなく、意志が強くなく、魂が愛で満たされていなければ、人という言葉は意味をなしません。（3）

考えは自分たちの外側で適用されるものであると考えるのは、誤りです。適用できることは内側であって、それ以外のどこでもありません。適用されたもののみが光を生みます。考えを自らの外側に適用したいという人の願望が理想に届くことは、決してありません。万物の根源が世界を想像したとき、神はその内にあるものを残らず活用しました。そこで次のような記載があります。「万物は神のなかで動き、存在しています」。神はその内にあるあらゆるものを活用しますが、私たちはそれを取り出したいと思い、それを自分たちの外側で活用したいと思っています。これほど大きな矛盾がほかにあるでしょうか。この矛盾の結果、人々は物事の神聖な秩序と衝突します。(3)

物質的身体

キリスト教で禁欲的傾向や彼岸的傾向が始まると、物質と物質的身体を悪であるという考えの二元を唱える異端者がそれを極端に好みました(「はじめに」参照)。このような姿勢が、むち打ちや自傷行為といった嘆かわしい乱行を助長した結果、物質的身体の性質と機能に関する部分的ないし完全な誤解につながりました。ベインサ・ドウノはそのことについて、その人の性格が外向きに表れたものであると説明し、そのことに注意を払うように強く念を押していることは、マスターの人生の推奨事項に見て取ることができます。身体は神殿、すなわち地球上での滞在中に学ぶための住居と繋がれています。しかしこのことは、単なるひとつのレベルにすぎません。というのも私たちは、ほかの世界で動くためには、ほかの身体や知覚能力をどうしても必要とするからです。

物質的身体はその人の活動の結果です。(9X)

人の文化は、身体の組織に依存しています。身体はスピリットの結果です。いつかスピリットが、不死の人体を創造する日が来るでしょう。(58X)

私たちの身体は神の神殿です。(6)

人の全臓器は、性格と魂に従って作られています。(22)

人という生命体は、愛の名のもとに住民が一体となった偉大な行政区です。この愛は、数百万年という長きにわたって働き、全細胞を統一体に組織して共通の仕事をします。このことに気づいて、自らの生命体のなかで大いなる調和を維持することができる人は、健康と幸福な生活を享受することができます。(32)

人は、創造的な生活へと発展的に向かうために、自らの内側と外側で働き、バランスを図る力を理解することが必要です。(14)

地球上の人間は、自らが発展するうえで、自らを助けるための条件と可能性が与えられています。人という生命体は、生徒であることが与えられた第一条件です。人の身体は建物、学校、または大学を表していて、そこで学ぶために配属されています。(14)

あなたが解剖学と哲学を学ぶと、臓器の物質的な機能とスピリチュアル的な機能に触れます。どの臓器にも両方(外的、内的)の機能、すなわち身体とスピリチュアルの機能があります。(31)

肉体にあるのは、物質界に必要な物質的な臓器だけではありません。肉体にはほかにも、別の世界で必要な臓器があります。つまり、人々が自らの物質的臓器の発達のために働いている間に、精神的、スピリチュアル的な臓器を発達させるためにも働いているのです。そうしていなければ、フィジカル界にしか合わないことになります。そんな人たちが霊界に行っても、新生児という立場になり、親族の助けが必要になります。(27)

人の身体は、自然の全過程の統合体です。あなたが自分の身体を知れば、見えない世界も知ることになります。(50)

超科学の弟子は、身体の浄化に向けて働く必要があます。(6)

美しいのは、思考、感情、行動のどんな変化も見て取ることができる顔です。表情が絶え間なく変化しても、同じ状態を維持する顔には特徴があります。そのような顔は気高く、高いレベルの魂の表れです。美しいのは、表情がきちんと表れる人です。美しい顔は、魂に隠されているものを何もかも明らかにします。神が書き表す顔は美しい一方、人間は刻まれたものの純粋さを維持しています。(6)

第七章
生きるための方法と規則と推奨事項

マスターの知識は、個人的な洞察と経験によって検証されてきた自然法則にも、スピリチュアルな法則にも及びます。その方法と規則は、あらゆる手段によって自分自身に働きかけ、鍛錬された実践を通じてのみ、本当に理解することができます。

私が話をするときは、どう生きるべきかの法則と規則を伝えています。私は、人類に関する話、すなわち人々が過去にどんなことを理想とし、今後はどうあるべきかについて話します。(6)

私が示した規則はいずれも、人それぞれが自ら神聖に守るべきことです。それを活用し、結果を観察して、そのうえでほかの人たちに勧めなさい。自分で検証する前にそれを他人に勧めたら、その効力は失われるでしょう。(6)

どのように努力したらいいのか、学びにはどんな方法を用いればよいのか、という問いに対して、私はこう言います。自然を観察し、それがどのように働いているかを見て、そこから学ぶのです。あなた自身の発達に、その方法を使うのです。（6）

悪影響にならない唯一の方法は、愛、叡智、そして真実の法則を働かせる方法です。それは、私たちにできる唯一の純粋な方法です。（77X）

地球にやって来たら、物質界で登る山の峰々だけでなく、スピリチュアルな成長を遂げるための、スピリチュアルな領域の峰々も探し出さなければなりません。つまり、自分自身に向き合うのに適した方法を選ぶ必要があります。（7X）

新しいことは重要です。それは現在理解していることであり、解決でき、現在の生活に応用できることです。（97X）

何かをするのが怖いなら、とにかくやってみるのです。そうすれば恐れは消えていきます。（106X）

怒りや焦燥に負けるときに利用する規則――C、E、G、C（高い方のC）を十回歌うのです。そうすれば、怒りは過ぎていきます。（25Ｘ）

次のルールに気づくのです。ある問題を正しく解決すれば、小さな光がマインドに輝きをもたらし、何らかの喜びをもたらします。その問題を解決するときに光がなければ、正しく解決されてはいないのです。このルールはあらゆるところ、科学と同じく生活にも適用することができます。（28）

覚えておくのです。世界は善良ですが、人間の概念には変化を起こさなければなりません。そのような変化がマインドと概念に起きたら、外界は変化します。このため、世界を変容させるには、全体に対する意識的な内なる働きかけが必要です。（51）

日々の実践

この「日々の実践」を読めば、時間帯ごとのアドバイスだけでなく、決まったときに実行できる推奨事項と、神と高次の世界と内なる結びつきを維持するためのゆるぎない指示内容がわかります。日々、新しい成長の機会がもたらされています。日々の活動については、本章の別のセクションでさらに詳しく扱います。

『The Circle Of Sacred Dance（聖なるダンスの輪）』で、私はリラキャンプ場での生活についてさらに詳しく触れています。現在が、一年のうちで唯一、規則的な共同生活が可能である時期です。キャンプでは、朝五時に忘れられないメロディー「Stani（起きなさい）」で目を覚まします。私たちは白湯を飲んでから山に登り、ご来光を拝みます。私たちは静寂のなかで瞑想し、その後、日が昇ると右手で敬礼して、その後いくつか歌を歌い、祈禱文と式文を少し読み上げます。朝食後には、六種類と二十二種類の身体運動をし、パネウリスミーというダンスをします。食事は毎回、みなで一斉に食べ、各人が二十四時間交代で当番にあたります。その他の仕事は、状況に応じ、日中に一緒に行います。最後に夕べの祈りという貴重な瞬間があり、その後、私たちはテントに戻ります。

日中にどんなことが起こっても、それは自分にとって良きことであると、前向きな考えを保ちなさい。（3）

起床して最初に考えるべきことは何でしょうか。「神よ、私の魂にご加護を。今日、起床して私の仕事ができることを汝に感謝します。必要なだけ成長できますように」と言うのです。

（31Ｘ）

朝起きたら、こう言うのです。「神は愛です」。（１１５Ｘ）

与えられるあらゆることに対して、神に感謝するのです。（38Ｘ）

朝起きて顔を洗う前に、ハートのなかに最高の感情を呼び覚まし、その感情に対して最初の愛の言葉をかけるのです。マインドのなかに最も美しい考えを呼び覚まし、そこに最も美しい光を示すのです。これを終えたら、次の神聖な文言を声に出して言ってください。「情け深く、神聖で、寛大な神よ、汝の御意志に従えるよう、汝のお顔の光をお示しください」。式文を読み上げる際の規則のひとつに、声に出すときは、とても前向きで、スピリットは子どものようでいる必要がある、というものがあります。（１２２Ｘ）

朝起きたら、次の式文を（三回）唱え、これを昼と夕にも繰り返すとよいでしょう。「神は私の魂にあらゆるものを注ぎ込みました。私は神の御意志に従うことを望み、神の構想を実現させることを望んでいます。神が私にどのような手はずを整えたとしても、神の御意志の通りとなりますことを。私は神の決められた通りにお仕えするつもりです」。（１０６Ｘ）

人は、一人ひとりが理性的《ノエティック》な魂たちからなる社会であり、その魂同士には共通するものがある、と気づいている必要があります。このため、朝起きて最初にすべきことは、その理性的《ノエティック》な小さき存在たちを調和させることです。あなた方は、自分自身の全身の調和を取り戻さなければなりません。これは、祈り、集中、そして労働によって成し遂げられます。(76X)

朝、何かを始める前にまず背骨を伸ばしてください。自然の流れを正しく循環させるためです。次に、思考を見えない世界に送って神とコンタクトを取ったあと、起き上がって仕事に取りかかるのです。自らの神経系を調節しないうちは、仕事をしても上手くいかないでしょう。(114X)

弟子は決して急いではいけません。服を着たり洗濯をしたりするのは後回しにすることができます。最初にすべきことは、五~十分間瞑想して神とあらゆる高等な存在たちについて考え、その存在たちに助けてくれるよう求め、こう言うのです。「主よ、私にはほとんど知識がありません。汝の御意志を受け入れて従うために、私のマインドを教え導きたまへ。汝の望みを汝が決めた通りに実現するための道を、私にお示しください」。こう言えば、少しあとにその祈りに対する答えを受け取るでしょう。自分自身の魂のなかに平和と確かな喜びを感じ、そうして自らの仕事に取りかかるでしょう。このように行動すれば、あなたの魂の内側が調和して、それが務めを

果たすうえで助けとなるでしょう。（114X）

自分自身にこう言うのです。「私は今、創造されて満足しています。私には発展、発達させなければならない才能がいくつかあります。私は今の私の豊かさをさらに豊かにするものを手に入れるために学び、働きます」。（46）

最高で、最も美しく、最善で最も純粋であるよう努めるのです。それがあなたの魂、ハート、そしてマインドに持っておかなければならない真実です。（13X）

毎日、その日のプログラムがあります。弟子が日々のプログラムをその通りに実行すれば、その人生全体のプログラムが正しく遂行されるでしょう。（27X）

一日一日に、その日の恩恵がもたらされます。（21X）

話すにも、歩くにも、行動するにも、決まったリズムがあります。人類は、母なる自然が確立したそのリズムを観察する必要があります。（56X）

最初の日とは、スピリットの日であり、光が顕現した日であることを思い起こしてください。第二の日とは、魂の日であり、愛が顕現した日であることを思い起こしてください。第三の日とは、マインドの日であり、知識が顕現した日であることを思い起こしてください。第四の日とは、ハートの日であり、意識ある生命が顕現した日であることを思い起こしてください。第五の日とは、意志の力の日であり、エネルギーの日であって、そのエネルギーはあなたを助けるためにやって来たことを思い起こしてください。第六の日とは、あなたを照らし、あなたを自らの運命のマスターにした永遠の言葉の日であることを思い起こしてください。第七の日は神——永遠の原理——に属する日であり、自然から学ぶ日、あらゆる美徳に仕える休息の日です。（38Ｘ）

日曜日には、涙を流してはいけません。服を洗っても、債務者からお金を取ってもいけません。日曜日には、小麦粉を入れる大袋を貧しい未亡人のところに持って行き、病気の人を癒し、不幸な人を励まし、新しい思考を自らのマインドに置くのです。日曜日には、ハートの火を灯すこと、身体に新しい火を、健康と平和をもたらす火を灯すことを許されています。日曜日には、神のろうそく（光、祝祭の象徴）にならなければなりません。（106Ｘ）

神に仕える人々は、新鮮な空気、光、食物など、あらゆる良きものを人生のなかで利用します。神に仕える人々にとって悪い日などなく、悪い状態などなく、悪い天気もありません。（21Ｘ）

改善するために外的条件が整うのを待たないでください。世界が始まってからこれまでずっと条件は良いのですが、人々が活用する準備ができていないのです。（21X）

生命は永遠に成長し、発展します。（97X）

生命は静的ではなく動的です。昨日の幸福は今日のものではありませんし、あなたの今の幸福が、明日もあなたのハートを温めることはできません。今日という日は新しい状況を求めています。毎日、毎分、私たちは人生のなかで新しいものを活かす必要があります。生活のなかに何も新しいものを取り入れなければ、すでに得たものを失うでしょう。（97X）

現在、人々はあらゆること、つまり食べるのも、移動するのも、学ぶのも急いでいるため、楽しい時代を迎えないうちに年を取ります。すぐに成功したいと思い、何かを始めたら、急いで終わらせたいと思うのです。（90X）

毎日、毎時を合理的に役立てることができれば、自らの願望を二年のうちに実現することができるでしょう。でも、急ぐ必要はありません。いつも通りしっかりと仕事をしているのです。（34X）

すばらしいものを望むのであれば、その対価を支払わなければなりません。物質界は無償では何も与えてはくれません。(34X)

夜、布団に入る前に、十〜十五分間、その日一日をどう過ごしたか、何か間違っていなかったかを振り返りなさい。頭の中で過ちを正し、二〜三回深呼吸して、落ち着いたら、布団に入りなさい。ぐっすりと眠れて元気を取り戻せるでしょう。(21X)

毎夕、湯で足を洗うべきです。(21X)

毎夜眠りにつくときと毎朝起きたとき、「どんなことも可能です」と言うのです。(13X)

最良の就寝時間は午後十時ですが、規則にはできません。もっと早い時間に就寝すれば、なお良いです。早く就寝する人は、プラーナ、つまり、大気から集めた生命エネルギーを残らず吸収します。夜遅くまで起きている人は、寝付きにくいと思います。それは身体のなかにあまりプラーナが残っていないからです。真夜中以降に就寝するのはやめましょう。(25X)

早く就寝することが習慣になれば、必要な量のプラーナを自分の身体に与えることができるでしょう。疲れを感じたら、夕食を早めにとり、遅くとも午後八時までに布団に入るのです。そうすれば、身体が必要としているエネルギーをもっと得るでしょう。余分なエネルギーがあれば、遅くまで起きていられます。（25X）

睡眠

睡眠は、人生で最も重要なことのひとつです。（25－22）

睡眠は、脳のエネルギーが別の方向に周波数を合せていることによるものです。（65X－18）

人は睡眠中に生き物のエネルギーと接触し、自然が人を良好な状態に戻します。（90－16）

布団に入ったら、十～十五分以内には寝入っていなければなりません。これは、日中にしたあらゆることからマインドを開放している場合にのみ、できることです。翌日の仕事のことを考えてはいけません。（95X－66）

安眠できなければ、意志の力を使って熟睡する方法を学んでください。（95X－62）

熟睡したいのであれば、血液循環をよくする必要があります。そのためには週に二回、お湯を飲んで汗をかく必要があります。（84X－127）

睡眠はアストラルと、つまり、人の霊的な生活と関わっています。人は睡眠中にのみ、霊的に学びます。（95X－62）

お互いに調和していない人たちが、同じ部屋で眠るのはお勧めしません。人が眠っているとき、アストラル体が身体から離れて、異星人の影響を受けることがあります。ですから、目に見えない支援者に助けてくれるよう祈る必要があります。祈らず、自らを保護することができない場合には、他人の不協和な思考や感情が吹き込まれるでしょうし、異星人の影響から自らを解放するのに長い時間を要するでしょう。（76X）

人は、睡眠の方法を知る必要があります。つまり、寝入る前の寝姿勢のことであり、アストラル複体《ダブル》が自由に出て行って、自分を指導してくれるマスターを見つけられるようにするためです。スピリチュアルな知識は、物質界でではなく人々の睡眠中に授けられます。人々は、地上にいる

間に学んでいて、睡眠中に教えられたことを実践して応用します。（95Ｘ－62）

（注）ベインサ・ドウノが推奨する寝姿勢は、右側を下にして、右手は頭の下、左手は左脚に沿わせるというものです。これにより、エネルギーの自由な循環が可能になります。足を組んではいけません。

人は睡眠中も学んでいて、日中に悩まされた問題を解決します。ですから、問題を全部解決しようと急がないことです。眠りにつけば、朝にはその問題に対するよい答えが見つかっているでしょう。（95Ｘ－79）

眠っているときは、アストラル界の学校に行っています。夜間に学ぶことは日中に活用されます。あなた方は睡眠を休息だと思っており、だからこそ、あなた方を導きたいと思っている存在を見つけることができません。この点で、あなた方はまるで、学校から走り去る子どものようです。ですから、布団に入るときには自分自身にこう言うのです。「今、私は新しいことを学びにアストラル界の学校に行こうとしています。それを地上で活用するつもりです」。（25－23）

あなた方には七時間の睡眠が必要です。途中で起き上がったり寝返ったりせずに眠ったままならば五時間でも十分です。（25－29）

日が昇ってからも寝ていれば、滝の下にいたり、水に打たれたりしていることと似ています。それは、太陽のエネルギーが神経系に及ぼす影響のようなものです。（45－191）

祈りと黙想

ベインサ・ドウノは数多くの祈りの言葉と式文を残していて、それを筆者が一九九四年に私家版として翻訳出版しました。david.lorimer@btconnect.com 宛にメールをお送りいただければご購入いただけます。本書には、高次の世界へのチューニングと、内なる深みの吸収法としての祈りの本質に関する言葉を収めています。私たちは、生活に不可欠な部分にするための内なるスピリチュアルな仕事、すなわち導きと支援を受ける過程での内なる見えない世界と対話に献身するため、特別な時間を持とうという気持ちにもなっています。瞑想をしたいという衝動を深めれば、おのずと優しく祈りに導かれ、私たちは独りで道を歩んでいるのではないという意識が育つでしょう。

常に忠実で、真実で、純粋で、親切でいてください。
そうすれば、平和の神があなたのハートを良きことで満たしてくれるでしょう。

世界で最も偉大なものは祈りです。祈りは、私たちの内側にある意味と意義を授ける永遠の原理――すなわち神と私たちを繋ぐものです。(108X)

祈りは魂のすばらしい状態であり、人類が発達を遂げた存在たちと、意識的で理性的《ノエティック》な接触ができるようにします。(76X)

祈りは高次の世界に意識の周波数を合せることです。バイオリンの弦のチューニングに似ています。(78X)

私は、恐れに起因する類の祈りには言及しません。それは祈りではありません。私が意味する祈りとは、神との繋がりと交流です。(64X)

聖書にはこう書かれています。「しかし、汝が祈るときには私室に入り、その扉を閉めたら、隠れたところにおられる父に祈りを捧げなさい。そうすれば隠れたことを見ておられる父は隠し立てなく報いてくださいます」。秘密の部屋はスピリット体です。これは人が神、天使たち、そして教会を見つける唯一の方法です。(27X)

秘密の祈りとは何を意味するのでしょうか。それは、外側の世界と繋がれた電話回線を閉じるということです。人が自分の内側で祈っているとき、その人は自由でなければなりませんし、世界のどの回線とも断たれているはずですし、内か外かに関係なく、どんな雑音もどんな音も聞こえないはずです。密かに祈るとき、妨害を全く受けないよう、どのスイッチもオフにして、世界との繋がりを断ちます。次に、一人きりになって黙想します。秘密の祈りは、マインドを神へと高めるものです。言い換えれば、秘密の祈りとは、太陽、すなわち生命の根源に目を向けることです。最も美しい祈りは、人々が生命の根源として神について考えることです。（25X）

祈るときは、体の力を抜いてまっすぐに立ちます。決して座って祈るようなことはしないでください。（103X）

最も自然な祈りの姿勢は、目を閉じて、深く内側と同化することです。（21X）

祈りの方法を人に教えたいのであれば、その人を果樹園の中のたわわに実った木に連れて行き、こう言います。「腕を伸ばして熟した果実をもぎなさい」。その人が腕を伸ばしたとき、こう言ってあげるのです。「それが、人が祈る方法です」。（45X）

マインドが引き上げられ、気高く、ミーティング時に崇高な思考をハートに抱くのであれば、少なくとも五分から十分後にはキリストがその人のもとに訪れます。キリストが来なければ、それは白色同胞団の別の代表が訪れます。キリストが人々のもとを訪れるには、人が二人、その思考を高めれば十分です。（17X）

ハートから湧き出る祈りと感謝の衝動はどれも、常に受け取られています。神は限りなく小さな呼びかけにも耳を傾けていて、応えてくれます。（21X）

純粋なハートで神を探せば、神は直ちに訪れて助けてくれます。（21X）

弟子であるならば、見えない世界との結びつきを維持して、そこからエネルギーを引き込まなければなりません。その結びつきを維持していなければ、すぐに貯水池のようになり、水はいくらかあるでしょうが、その貯水池を満たすために常に雨ごいをすることでしょう。しかし、見えない世界と接触し続けていれば、常に水を供給する山の泉になるでしょう。一人ひとりの仕事は、あらゆるものをあらゆる人に分け与える泉になることです。（90X）

今、あなた方はみな、地球上の生命との繋がりがないかのように深呼吸して集中する必要があります。地球上の生命はさほど重要ではないリュックサックです。あなた方は今、リュックサックを床に置き、生まれたばかりの赤ん坊のような感覚になるでしょう。祈りのあとは、あなたが背負うリュックサックはひとつでも、二つでも、三つでも、はたまた十個でもよく――それはあなた次第です――あなたが祈っているとき、リュックサックを背負っていてはいけません。あなたは大いに目覚めていて自由になり、まるで天国にいるみたいです。明日起こることは重要ではなく、あなたの興味もそそりません。今日という日は神の日です。私たちは今日という日に関心があり、であるからこそ私たちは神のギフトのひとつを受け取るのです。今日という日は神聖なギフトの記念日にする必要があります。(53X)

瞑想に最適な時間は、午前中で、瞑想する気分になっているときです。どんな人も自由に最良の時間を選ぶことができます。(25X)

弟子になることを望んでいる誰もが、務めのための神聖な時間を選ばなければなりません。この神聖な時間は午前中でも構いませんし、午後や夕方でも構いません。道の途中で出逢うあらゆる苦難に効率的に対処するには、深い瞑想状態でこの時間を過ごすのです。そのような時間を瞑想をして過ごしたら、元気になり、気分も一新し、心は清められているはずであり、その日の残りの時間を爽快に過ごすことができるでしょう。(6)

私がお伝えすることは、一年を通じてこの神聖な時間を観察し、人間関係の調和の回復と、苦難の克服と、スピリットの向上に努力する必要があるということです。私は一人ひとりに、一日のうちのどの時間が自分にとって神聖かを確認する作業を与えます。弟子の一人ひとりにとって、神聖な時間というものがあります。その時間を見つけたら、マインドとハートに偉大な思考と高貴な感情が現れるでしょう。通常、内側が明るく照らされる状態を経験するでしょう。自分自身の内側にその思考や感情の余地を設ければ向上しますが、それに抵抗すれば、意識のなかに闇を感じて、神聖な時間を再発見するまで、長い間待たなければならなくなるでしょう。神聖な時間は毎日同じ時間にきちんと訪れます。一日のうち、この時間は気持ちが高まり、精神状態が研ぎ澄まされるので、それ以外の時間と違うことがはっきりわかるでしょう。（6）

私は、意識的な人生について、意識的な祈りについて、神と合一したいという、その絶え間ない内なる魂の強い願望について話をしています。私は、ほかの人が書いた言葉の繰り返しでしかない類の祈りについて話しているのではありません。祈りは、神とともに働きたいという絶え間ない魂の強い願望です。そうであれば、私たちの関心事は神の関心事と同じになります。神との接触を断たないようにするには、日中に遂行すべき義務は、どんなものも神のために独自の考えで行う必要があります。（6）

聖書にはこう書かれています。「主の天使が、神に祈りを捧げ、神を信頼している人を保護します」。ですから、神に祈りを捧げ、神に助けを求めるとき、見えない世界から光の存在がやって来て、人生のなかの苦難や恐れのときにいるあなたに寄り添います。道を独りで行くことができる人はおらず、自らに与えられた仕事を独力で完遂できる人もいません。必ず誰かがやって来て、助けてくれるのです。困難な状況にいると気づいたら、ひたすら祈るのです。人間を助ける何らかの存在が、直ちに援助してくれるでしょう。（3）

聖書には「絶え間なく祈りなさい」と書かれています。それは、常に神の世界と繋がっていなさいということです。切に祈る人は、祈りに対する答えを確実に受け取るのです。（3）

私たちは、祈りとは見えない世界との会話、神との話し合いであると考えています。祈ることは話すことを学ぶことです。私たちは現在、スピリット、魂、そしてマインドの全体が関与する天国の神聖な言語を学んでいないために苦しんでいます。人が神に求めていることには、ただひとつの内なる意味があるだけのはずなのです。祈るにあたっては、次のように言うのです。「主よ、汝の御意志が果たされますように。私は汝の手からもたらされるあらゆる結果を喜んで受け入れ、汝の法を破ることなく汝の御意志を満たします」。（6）

苦しい試練の状態にあり、大きな問題を解決することができないと思ったら、こう言うのです。「神の御意志が果たされました」。そう言ったら、その問題は間もなく解決するでしょう。（3）

犠牲を捧げることは、常に愛あるハートから、神の名のもとに行います。この方法で行動をとるとき、こう言うのです。「神の名が清められます。神の御意志が果たされますように。神の王国が来ますように」。神の名、神の御意志、そして神の王国のために、いつでも自らを犠牲にできるようにしておくのです。こうすることによって魂が向上し、神の王国の市民になれます。（3）

集中

集中はきわめて重要で、マインドがそぞろになってはいけません。（50－4）

集中とは、良き考えを選択し、そこに浸ることです。集中することは容易だとは考えず、忍耐強くいなさい。集中は難しい技術のひとつなのです。（50－9）

感受性を開花させる間、内的な気質を乱す否定的な感情や思考が起きないようにする方法を知ることが必要です。そういった感情や思考を変容させるには、自分の内側で十分に集中し、あらゆる事柄のよい側面を見つけなければなりません。瞑想し、内側の奥深くを見ているとき、人は完全無欠の生命体を支配する美と調和を見ています。これは、人生で起こるあらゆる事象は、恩恵をもたらすものだと悟るようになる唯一の方法です。集中を通じて人は自らの思考をコントロールし、一方向に集中する方法を学びます。これが黙想の意義です。(76X－119)

思考をコントロールするとは、思考が示す方向に従うことができるということです。それをそのままにするにしても、変容させるにしても、止めるにしても、自らの理解に従って、それがどこから来て、どこへ行こうとしているのかを知るということです。(28－198)

自分の内側にある全エネルギー(ポジティブなものもネガティブなものも)に対処できるようになるには、集中の原則を学ぶことが必要です。人が集中しているとき、その人は恐れを制御することができます。今あるエネルギーをコントロールすることができるというのは、それを理性的《ノエティック》に使うことができるということです。集中の原則を学んでいる人は、ある対象物を瞬きせずに見つめるというような実験をしてみる必要があります。まずは一分間からこの実験を始めて、徐々に時間を延ばしていきます。そうすることが目の強化に役立ちます。この実験をするとき、あなたは意識を集中させなければなりません。思考と意識をそぞろにしてはいけま

せん。（34－45）

弟子たちは、ある問題について考えるときには、脳中枢の活動について、全部または少なくとも大半の活動に気づいているよう最大限の努力をする必要があります。もしも、ひとつの脳中枢にしか気づいていない場合、その人は間違いなく、自己催眠の状態で眠ってしまうでしょう。（28－233）

人が座って集中しているとしましょう。ヨーロッパ人なら何が起きるでしょうか。考え抜いた挙句、途中で眠ってしまいます。それは全く集中ではありません。インド人はどうでしょうか。インド人にとって集中には多数の体系があり、数世紀にわたって歌や楽器の演奏を利用してきました。インド人にとって学びの第一段階はすでに終わっており、集中の段階に到達しています。（80X－8）

今日、人々は、マインドに浮かんだ考えをただのひとつも実現することができないと嘆いています。これはなぜでしょうか。疑念がマインドに浸透しているからです。疑念を押さえつけたいのであれば、考えに集中し、その考えを常に助けに来てくれる理性的《ノエティック》な高次の存在たちと結びつけるのです。（76X－64）

健康

私たちはすでに、肉体が魂とスピリットの神殿であるとみなされていること、しかるべき鍛錬と運動によって意志が何段階も成長することを理解しています。ベインサ・ドウノが完成させた人生に対する取り組みによって、肉体に問題ないだけでなく、思考と感情、脳と肺と胃、さらには人類と神の総合的な調和に至るまで、健康を増進します。ドウノは講義のなかで、健康維持について具体的なことを数多く勧めてくれました。それをここでは七項目にまとめました。

健康とはどういうことをいうのでしょうか。よくできた物体、よくできたエネルギー、よくできた思考です。(26)

健康な人とは、マインドとハートと意志が完全に調和した人のことを言います。つまり、マインドには明かりが灯り、ハートに衝動と刺激があり、意志にエネルギーがある人です。(10)

健全な身体はよく組織されていて、余分な脂肪はついていません。健全な身体とは、脳と肺と胃の細胞、つまりどの臓器間も絶対的に調和しているという意味です。このような状態にある人

は、考えていても、感じていても、行動していても喜びを感じます。それは身体の正常な状態です。(19)

胃がきちんと機能していれば、身体は健康です。ハートが正しく感じていれば、魂は調和がとれています。マインドが正しく考えていれば、スピリットは健全です。ハートを温め、マインドを明るく照らしたければ、思考と感情の調和を取り戻すのです。(84X)

人は、内側にエネルギーがあれば、健康で賢明で健全です。そして、どんな向かい風がきても耐えることができます。(46)

健康でいるということは、基本原理とも、愛おしい者たちとも、自分自身とも調和しているということです。(10)

栄養

栄養は、「エネルギーがある状態から別の状態に変容することに関わる科学」であると定義されており、最も広い意味で理解されています。ほとんどの人は、単に食べ物や飲み物のことを考え、空気と光から生命エネルギーが得られることは考えません。後者の考えは、春から夏にかけて早起きし、太陽を迎えて早朝のプラーナを吸収する練習の根拠になっています。呼吸から得る栄養については、別項にて扱います。

食べるという過程に伴う思考と感情は、極めて重要です。ストレスを抱えていたり、気が動転していたりすると、消化不良を起こすことは、皆さんご存知かと思います。理想を言えば、マインドとハートで感謝しながら、食べ物そのものや、それを生み出した木や植物に対して、さらにはそれを育てた人や運搬した人に感謝しながら食べるべきです。感謝するということは、平和と調和のなかで食べるということであり、食べ物という形で表れている神聖な贈り物に気づいているということです。消化吸収がよくなるからというだけでなく、食べ物の生命力が口の中でいく分か抽出されるからという理由で、食べ物を正しく噛むことの大切さを思い出すという価値もあります。

食前の感謝の祈りで、ベインサ・ドウノは次の文言を三回唱えます。「Bojiata Liubov noci isolbilnia i peuln jivot（神の愛が生命の充足をもたらします）」。ほかにも、祈りとして三回声に出して唱える式文のなかで、ドウノはこう言います。

愛を込めてパンをちぎり、神がその内にあると考えなさい。
愛を込めて水を飲み、神がその内にあると考えなさい。

愛を込めて息を吸い、神がその内にあると考えなさい。
愛を込めて黙想し、神がその内にあると考えなさい。

私たちはここまでで、感情はハートの食べ物であり、思考はマインドの食べ物であることを知りました。物質的な食事について慎重なのであれば、情緒的、精神的、スピリチュアルな栄養にも同じように注意する必要があります。私たちは、食べ物や飲み物と同じような方法で思考と感情を吸収して処理することができ、口にするものが生物毒で汚染され、吸い込む空気が車から排出されたもので汚染されていると考えるとき、私たちの精神やスピリットの環境の汚染についても同じことが言えます。清らかであることを重視するのは、このためです。

人が生命エネルギーを引き出す元は、食べ物、空気、水、そして光です。（94X－9）

正しく発達したいと望んでいる人は、まず光を正しく吸収する必要があり、そのあとに熱、さらに空気を吸収し、最終的に身体のために固形の食べ物を摂取します。（32－63）

十分な栄養を守るための基本ルールは、光、熱、空気、そして固形の食べ物を正しく吸収することです。マインド、ハート、そして肺がそれぞれの食べ物を受け取ったとき、身体はその食べ

物を受け取る準備ができています。そうして私たちは、正しく食べたと言うことができます。（32－64）

食べ物を正しく食べ、完全に消化するのが、健全な身体です。（32－64）

栄養の内的かつスピリチュアルな側面は、その栄養に適した感情です。栄養と感情は密接に繋がっています。食べることとハートの消化とを結びつけるのであれば、その過程は正しく成し遂げられ、良い結果をもたらします。私たちは、そうして正しく食べ、正しく感じる人は健康である――身体的にも情緒的にも――と言うことができるのです。（32－239）

栄養は、エネルギーがある状態から別の状態に変わることに関わる科学です。（60X－60）

食べ物は私たちを創造し、私たちを高めることもあれば、低めることもあります。（27－310）

人の未来は、その人が食べているもので決まります。純粋で健康的な食べ物ほど、未来は素晴らしく明るくなります。人が食べ物に含まれるエネルギーを、残らず使う方法を学ぶことは重要です。（64X－31）

肉を食べていて完全に健康でいることは、不可能です。（32－268）

野菜を食べる人は、肉を食べる人よりも長生きします。（83X－36）

自然は、人を含め、生きとし生ける存在の目の前に豊かなテーブルを広げていますが、何をどう食べるかの指示は一切しません。誰しもが、食べ物を自分で選ばなければなりません。多くの人に共通する食べ物はありますが、個人個人に適した食べ物というものもあります。どんな人も、どの食べ物が自分に合っているかを知る必要があります。自分に合わない食べ物を口にしたら、苦しむことになります。とりわけ個人的に合わない食べ物は、身体の乱れを引き起こすでしょう。（26－67）

健全な状態の食べ物を知るには、自分の思考、感情、行動に及ぼす作用を観察することが必要です。（27－33）

どの食べ物が自分に適しているかを知るために、さまざまな食べ物が身体に及ぼす影響を学ぶのです。（97X－116）

あなたは食べているものに似てきます。この法則は、身体の領域にも精神の領域にも当てはまります。（97Ｘ－24）

妊婦が何をどう食べればよいかを知らずにいると、健康で穏やかな子どもを授かることはできなくなるでしょう。（87Ｘ－３１４）

栄養と食べることは、目に見える形に凝縮される最大のエネルギーです。（70Ｘ－10）

食べるというプロセスは神聖な行為であり、それ相応の畏敬の念を抱いて執り行われるべきことです。（21－２８４）

食事を始めることは重要なことです。すぐに食べ始めるか、食卓についてひと呼吸おき、食べ物という贈り物に感謝を捧げ、祈りの言葉「神の愛が生命の充足をもたらします」と言ってから食べ始めるかによって、違ってきます。（64Ｘ－４）

食べることは意識を働かせる過程です。摂取した食べ物を利用できるよう、意識して食べなけ

ればなりません。（97Ｘ－27）

食べている間にマインドが集中していなければ、時間の無駄です。（36－１８３）

食べるという行為に内なる感情を伴っていなければ、その過程は正しく実行されていません。（32－３３９）

食べている間、悪い考えがたったひとつマインドに入ることも、悪い感情がたったひとつハートに浸透することも、許してはいけません。（64Ｘ－73）

マインド、ハート、そして意志のいずれもが、食べるという過程に関わる必要があります。この方法でのみ、人は健康になり、若々しい活力を維持することができます。（84Ｘ－１２１）

食べ物は、そのエネルギーが舌に浸透するよう、口の中に長くとどまらせます。舌は食べ物からスピリチュアルなエネルギーを抽出し、それ以外の方法では吸収されません。（87Ｘ－３）

食べ物をよく噛む人は病気になりません。食べ物を噛むのが右側か左側かに偏っていると、健

康にはなれません。（89X－32）

好きではない食べ物のエネルギーは、利用することができません。（89X－57）

あなたとあなたが食べる物とは、関係があるはずです。あなたに合ったものを食べ、その食べ物に話しかけるのです。これは、生きた食べ物を消費し、死んだものは消費しないようにという意味です。死んだ食べ物は、誰にとっても役に立ちません。（97X－202）

食べているときに最も重要なことは何でしょうか。感謝し、満足して食べることです。満足していない人々のなかにいても、なお満足し、その人たちに影響を与えることができれば、あなたは天才です。満足している人は、食事に音楽をもたらします。まずはあなたから、自分が満足していることを示してください。そうすれば、他の人たちもそれに倣うでしょう。（38－60）

最も重要な食事のルールのひとつが、決してたくさん食べないということです。常に少し空腹を感じている必要があります。それを理想としてください。満腹になって席を立つようでは、神聖な法則に従ってはいません。胃の三分の一は空けておいてください。（89X－14）

毎食後、食べたものを感情に、崇高な感情に変容させなければなりません。それは財産であり、ハートの成長です。しかし、そこで止まってはいけません。そのエネルギーをマインドに届け、最も高く崇高な思考を創造しなければなりません。そうすれば魂が正しく成長し、その機能が徐々に身体を作り上げます。（40－9）

断食

自然療法では、これまで常に物質的生物の浄化と修復の方法として、断食を推奨してきました。ここに集めたマスターの言葉からは、断食は物質的なレベルと、スピリチュアルなレベルとがあり、いずれも、毒と悪影響を及ぼすものを濾過し、焼き尽くすことであることがおわかりいただけるでしょう。ブルガリアの弟子は、木曜日の昼食後から金曜日の昼食までに断食をすることが最も多く、その間は「天使のスープ」しか食しません。私は詳しいレシピを知りませんが、じゃがいも、ニンジン、パセリが入っているのは知っていますよ。

断食は身体にとって――外面にとっても内面にとっても――必要です。（89Ｘ－158）

断食をすると、寿命が延びます。（21－187）

断食は、人という有機体を修復する方法です。断食の主な考え方は、隠れたエネルギーを細胞に集め、私たちの身体を修復することです。(17－21)

断食は、恐れを払拭し、消化器系、血液循環、そしてマインドをコントロールする手段です。(17－22)

二～三日間、食欲がなければ、食べずにいてください。食べたいという願望が自然に生じてくるのを待つのです。体調がよくないときに、何も食べない動物がいます。断食は徐々に行ってください。理由もわからないまま断食を決めても、役には立ちません。断食をすると決めた数日は、それを守るのです。断食を開始するのが月曜日であれば、その結果が得られ、火曜日であれば、また別の結果になります。それ以外の曜日も同じで、開始する曜日によって結果は異なります。断食を開始するのが午前中か、正午か、夕方かによっても結果は異なります。(17－21)

みな、月に一日は休む必要があり、その日は食事をしません。身体領域では休んでいますが、霊界では働いています。それは第三金曜日がいいでしょう。つまり、一年に十二回、このような休息をとることになります。断食は、木曜日の昼食後に始め、金曜日の昼頃に終わります。木曜

日も金曜日も少食にします。私にとってそれは、単なる休息であって断食ではありません。（5－106）

たくさん食べてしまったら、断食を始めるのです。断食には、物質的な断食とスピリチュアルな断食の二種類があります。（89X－194）

断食の目的は、思考と感情を最大限に働かせ、濾過することです。断食することは、自分の内側に入ってしっかり集中し、あらゆる心配や気がかりをなくすということです。（89X－194）

断食は、医療の一手段として推奨されます。断食期間中は身体の代謝が上がり、これに起因して、疾患、不調、不満に至る全物質が消費されます。（89X－194）

水

ベインサ・ドウノは白湯（ブルガリア語で「topla voda」）を飲むことを大いに重視していて、一日のはじめに、カップ一杯の白湯にレモンの薄切りを一枚浮かべて飲むことを勧めていました。この習慣の主な効果は全身の浄化であり、十分繰り返せば、発汗してさらに浄化がもたらされます。ドウノは、弟子たちに白湯を飲ませることによって、実にさまざまな疾患を多数治療し、特に夏のキャンプ中に山で白湯を飲むことの利点にこだわっていました。山の水は特に清く、ミネラルだけでなく生命エネルギーにも富んでいます。ほぼいつも、やかんには湯が沸かされていて、当直の主な仕事のひとつは、近くの泉に行って十分な水を確保することです。

水は不思議な力を含んでいます。水のないところには、決して文化はありません。水はどうやって飲めばよいのでしょうか。一日に何杯飲めばよいのでしょうか。いずれもとても重要な疑問ですが、今までそのことを問うてきた人は、ごく少数です。（84Ｘ－１２２）

最初のレッスンは、自らを水の磁気エネルギーと結びつけられるよう、水の正しい飲み方を学ぶことです。（81Ｘ－１２２）

どんな人も、細胞内が水を保持して、水分レベルを維持するために、一定量の水が求められます。水分が失われると身体は乾燥します。そのような人は、普段から落ち着きがなくイライラしています。健康を維持したいと願うなら、身体の中の水分量を維持する必要があります。体内にも体外にも水分がなければ、身体の内外に蓄積した毒を取り除くことはできません。その毒が全身にとどまっていると、無用の病気になるでしょう。（84Ｘ－１２２）

人が水について知っていることは、ほんのわずかです。水は身体をきれいにして、たまった毒素を溶解し、マグネシウムをよく通します。（84X－122）

自然は人体に数十億もの窓、つまり毛穴を設けています。生命エネルギーがそこを通って絶えず身体を良好な状態に戻しているのです。その窓は、身体の外と中の空気が定期的に入れ替わるよう、常に汚れがなく開いている必要があります。窓が不潔でいろいろな汚れが詰まっていれば、身体はそれだけですでに、さまざまな不快にさらされています。家の窓が汚れて閉ざされていたら、光と空気はどうやって家のなかに入ってくるのでしょうか。毛穴がふさがっていたら、水はどうやって体内に入るのでしょうか。（84X－122）

ですから、弟子が最初にすべきことは、身体の毛穴を開くことです。毛穴は水を飲んで発汗して開きます。（84X）

一口ひとくちが胃だけでなく、身体の病んだ部分まで届くよう、意識しながら水を飲む必要があります。（26－69）

きれいな白湯は、血液に溜まった乳酸および尿酸を取り除くのを助けます。(84X－127)

便秘は、血中の水分不足によるものです。(26－89)

健康でいたいのであれば、水が身体に及ぼす有益な作用に留意する必要があります。意識して水を飲み、病気のことをくよくよ考えないようにするのです。自分の健康について考えることに留意します。生命の美しさと偉大さについて考え、何事にも恐れないようにしてください。(84X－123)

呼吸

瞑想の習慣と呼吸法との繋がりには、長い歴史があります。私たちはすでに、正しい呼吸がいかに繊細な栄養であるかを知っています。呼吸について、ベインサ・ドウノは主として、思考と感情を落ち着かせるのに役立つ運動として、私たちは深くゆっくりと一定の周期で呼吸するべきだと推奨しています。以下にまとめたマスターの言葉のひとつからは、マスターが呼吸運動を紹介していないように思われますが、実際にはとても多くを示しています。そのなかには、パネウリスミー(P20参照)と密接に関わっているものと、パネウリスミーの前に実施する六種類または二十二種類の運動と密接に関わっているものとがあり、一部はスピリチュアルな呪文のようなものを唱えながら行います。一般に、人が意識して呼吸をしていれば、ベインサ・ドウノは、息を吸い込みながら人生について考え、息を止めている間は長所について考え、再び息を吐きながら健康について考えることを提案しています。もうひとつの一般的なエクササイズには、空気が生命を吹き込んでくれることに深く感謝し、愛を込めて意識的に呼吸するというものがあります。

早朝や食前にできる単純なエクササイズがいくつかあります。両手を体側に沿わせた状態から始め、両腕をゆっくりと円を描くように挙げていき、頭の上で手を合わせます。その間に息を吸い込みます。手を頭の上で合わせたまま二〜三秒静止させたのち、ゆっくり息を吐きながら、同じく円を描くように腕を降ろして最初の位置に戻します。このエクササイズの変形版として、腕を前方にまっすぐ挙げていき、手が垂直になって前方を向くようにします。この間に息を吸って、一番上で息を止めます。息を吐いて腕を降ろし、元の位置に戻します。この二つを組み合わせて、腕を挙げるときは前方、降ろすときは側方でも構いません。ゆっくり、ゆったりと六回連続して行ったら、マインドとハートがじわじわと穏やかになります。

地球上に生きるということは、人類がエーテル体とアストラル体の食べ物として空気を必要としているということです。正しい方法で空気を吸収すれば、気力がみなぎります。エネルギーのレベルが上がるというのは、人が空気から正しく栄養を取るということです。空気には、インド人がプラーナと呼んでいる特殊なエネルギーが含まれています。これを生命電気、生命磁気と言う人もいます。あなた方が山に来るのは、きれいな空気を吸うためだと思っている人が多いのですが、それだけではありません。何がしかのプラーナ、つまり、電気と磁気の生命力を取り込むためでもあるのです。

マインドの栄養である特別な太陽光線と、ハートの栄養になる太陽の熱を浴びられるよう、朝は早起きします。肺にとって、朝プラーナを吸収するのが最善です。（32－64）

地球上の生きとし生けるものの呼吸を整える、すばらしい理性的《ノエティック》な法則があります。（27－22 7）

さて、私が深呼吸について話すとき、なにか特殊なエクササイズを推奨するつもりはありません。インドには、ヨーロッパ人には適さない特殊な呼吸のエクササイズがあります。呼吸は深く規則正しく行います。最初に深呼吸するときには、何か妨げられていることに気づくでしょうが、続けていればそれはなくなり、容易に呼吸ができるようになるでしょう。身体の毛穴が開けば呼吸は完了です。これには水を使います。完璧な呼吸とは、肺だけでなく、皮膚も通して行います。（84X－124）

フィジカル界では、魂が皮膚を通して呼吸するため、皮膚は柔らかい状態に維持する必要があります。(82Ｘ－90)

人体の細胞一つひとつが呼吸していなければなりません。この方法で呼吸する人が、健康な人ということになります。(84Ｘ－１２４)

五～十分かけて、ただ呼吸します。その間は、ほかのことを考えてはいけません。(28－２９１)

エクササイズは静かに集中して行います。そうすればかなりの結果が得られるでしょう。そうでなければ、機械的な呼吸になってしまい、何も得られません。(23－２９１)

ほとんどの人が、呼吸の仕方を間違っています。吸った空気が肺の上部に送られています。浅く弱い呼吸では、二酸化炭素が肺に溜まったままになり、堆積物が生じます。血液循環を整えたい人は、深く息を吸って肺にしばらく空気をとどめてから、かなりゆっくりと息を吐きます。呼吸には腹筋も使います。腹筋で圧をかけて息を吐くのです。正しく呼吸すれば、その人は再生され、身体的、精神的な不調から解放されます。(76Ｘ－１３１)

愛は完全な呼吸の第一の必須条件です。呼吸をするとき、人々は空気に対して、代えがたい恩恵として感謝すべきです。愛を知る人は、肺を膨らませます。人がある恩恵を意識的に感謝の気持ちで受け取ると、その人の内側で愛が働き始め、その人は向上します。降りてくる神聖なエネルギーはどれも、まず呼吸器系を通過しなければならず、次にマインドに上がり、そこからハートに下ります。(29－134)

空気は神聖な考えを運びます。神聖な考えは、まず呼吸器系を通過し、通過しながら精緻になり変容します。そして、呼吸器系から血液に取り込まれ、脳に運ばれます。(12－283)

呼吸はマインドと繋がっていて、マインドはスピリットと繋がっています。呼吸が向上心を持ったマインドと繋がっている人は、有益な結果を得ます。(32－340)

内にあるスピリチュアルな呼吸の側面は、正しく考えることです。(32－339)

呼吸に内なる思考を伴っていなければ、その過程は正しく実行されません。(32－339)

息を吸うときは毎回、願望を整えて清めなければなりません。同じく息を吐くときは毎回、思考の浄化と結びつけます。これを理解したうえで、呼吸を意識的にすべきです。これは、思考と願望を清める唯一の方法です。肺はフィルターであり、人の精神的で情緒的な生活を浄化します。このフィルターは、別の人のフィルターを通過したことのない思考と願望だけが通過できます。そのフィルターが働き続けるよう、人は毎瞬、新しい思考と感情と願望を受け取ることが必要です。この移動が動きを止めると危険です。毒が溜まることになり、血液が正しく循環するのを妨げます。（46－24）

神経質で短気な人もいます。なぜでしょうか。その人たちは正しく呼吸していないのです。（32－65）

病気の人には、空気はたくさん吸い、食事は少量に抑えることをお勧めします。（32－63）

春の足音が聞こえてきたら、毎朝、散歩に出るようにしましょう。早朝であるほどよいでしょう。大都市から逃れ、できればほこりや騒音から離れて、深呼吸するのです。このほか、一時間ほど軽く運動してもよいでしょう。それから、その日の仕事に取りかかるのです。散歩に出れば、仕事も楽になるでしょう。部屋や職場から出ずにいるよりは、はるかに楽になります。（84X－124）

三十分ほど空き時間ができたら、深呼吸をする時間にします。思考を神の方に向けて、自身と神とを結びつけようとするのです。規則正しい呼吸をしてください。新鮮な空気と新鮮な水を利用するのです。（84X－124）

純粋さ

「ハートが清らかな人には、神のご加護があります。神を見るようになるからです」。ハートの純粋さはマインドの聡明さと明快さに一致していて、知覚を妨げるものは何もない状態です。ベインサ・ドウノは、この純粋さというテーマについてたくさんの講義をして、自らの人生を通してそれを実証しました。ドウノがよく口にする言葉で最もすばらしいもののひとつが、「私の思考が太陽のように光り輝きますように。私の感情が山の湧き水のように清らかでありますように」です。私たちはすでに、断食や水を飲むことに、いかに浄化作用があるかについては知っています。ここでは、さらに拡大して、思考と感情の純粋さを扱います。他人の欠点の陰口や批判は、不道徳や堕落の一形態であるという文面は目を引きますが、それによって人は、この考えの広がりと重要性を認めることができます。

人も社会も清潔でなければ、発展しません。清潔さは、人間が正しく発展するための第一の必須条件です。（45－206）

身体にも、ハートにも、マインドにも、絶対的な清潔と純粋さが必要です。（45－98）

清潔にすることによって、自身の身体を保護してください。それが完璧な生命の表れです。（102X－3）

健康になりたいなら、自身の身体に向き合い、あらゆる不純物や余分なもの、毒素や脂肪を身体から取り除きましょう。身体に脂肪が蓄積している部分があることに気づいたら、直ちにスパルタ式を採るのです。（84X－125）

私たちが完全に純粋になれば、私たちのもとに神聖さが訪れるでしょうし、そうなれば、いかなる抵抗も経験しなくなるでしょう。（39－69）

清潔という言葉は、外側の身体的な清潔を意味するものではありません。そうではなく、身体の細胞一つひとつまで、内側も外側も清潔にしなければならないということです。そのような細

胞全体の清潔さが、全身の清潔さなのです。(53)

何らかの混ざりものや外的な要素が加わらない限り、あらゆるものは清潔で純粋です。(3－18)

生活のなかに不純な要素が入り始めたとたん、死に向かって一歩進むことになります。(3－18)

生活の第一の規則は、思考を清らかなものにすることです。(3－18)

私たちが健康に暮らすためには、肉体を浄化し、純粋で洗練されたものにして、聡明で崇高な思考を受け取れるようにする必要があります。(85X－156)

良くない思考と感情は、メンタル界とアストラル界にとても大きな不純物を生じさせます。それは物質界で引き起こす不純物よりも、大きなものです。(45－207)

他人の噂話をすることは、不純物の一形態です。妬みや数々の不道徳も不純物です。(3－18)

他人の欠点にこだわることは、一種の堕落であり、身体を破滅させます。（3－18）

人は、あらゆる不純なイメージから自らの意識を解放する必要があります。純粋な概念と純粋なイメージを創り出すのです。たとえば、若い男女は、結婚、独身生活、愛、永遠の命、そして子どもたちについて純粋なイメージを抱いているはずです。（3－26）

この世界での苦しみは、人の身体やハート、マインドが不純であるという事実から生じます。そうすると、神聖なエネルギーが入ってきても、何らかの抵抗を感じます。（39－35）

健康でありたいならば、身体を清潔にしなければなりません。幸せでいたいならば、ハートを清潔にしなければなりません。詩人になりたいならば、聡明な考えができるよう、マインドを純粋にしなければなりません。（39－36）

人から愛されたければ、絶対的な純粋さを維持しなければなりません。見えない世界は、とても厳格だからです。（83Ｘ－80）

人生を通じて絶対的な純粋さを維持するのは、自分自身の責任です。健康で明るくいたければ、どんな感情、どんな思考、どんな行動も、純粋さを充満させるのです。この方法によってのみ、神のご加護を受け取ります。（3－18）

純粋であることが出発点であると考えている人は、すでに一歩前進しています。（3－24）

純粋な人には数多くの可能性が開けています。物質界における進歩、光、知識、力、そして自由は、純粋さによって決まります。（3－26）

神を理解したいと思いますか。でしたら、純粋でいなければなりません。（3－18）

神聖な生活を手に入れるうえで必要な第一歩は、純粋さです。（3－26）

あなた方一人ひとりは、純粋になろうとたゆまず努力しているかどうかで、見分けられるはずです。純粋さは、神聖な神のはしごの一段目です。二段目に上がるとき、「純粋さ」の項目を改めて読むことになるでしょう。（3－26）

美そのものを得て、それを維持するには、絶対的に純粋でいなければなりません。（25－100）

私たちはみな、身体的にも、情緒的にも、精神的にも、純粋でなければなりません。身体が清潔になっている人は、身体的に健康になります。ハートが純粋であれば、その人は愛想のよい表情になり、目は輝いています。マインドが純粋な人は、表情がきらめいて、やさしく柔らかい光を放ちます。（45－20）

浄化

ここでは、浄化の必要性と、身体に蓄積する残留毒素にまみれて疾患が生じることについて重点を置き、本書でこれまで紹介してきた言葉のなかから、アドバイスされていることを一部まとめています。

聖書にはこう書かれています。「あなた方は悔やまなければなりません。あなた方には浄化が必要なのです」。余分な要素があるのは、胃とハートにだけではありません。マインドと意志にも不要なものがたくさんあります。それは全部、捨て去らなければなりません。（13－16）

病気になる前に、健康に注意を向ける必要があります。（39－128）

身体の毛穴は全部開かれていなければなりません。人の皮膚には七百万個もの毛穴があります。つまり、開かれていなければならない窓が七百万個もあるのです。すべての毛穴が開いていれば、健康でいることができます。ですから、どんな病気でも最初に行う治療法は、毛穴を開くことであり、そのためには発汗と洗浄が必要です。発汗に最適なのは白湯――皮膚の毛穴を通って外に出ます――を飲むことです。こうすることによって毛穴は開き、身体は健康な状態を取り戻します。（82Ｘ－90）

病気の原因は、毛穴がふさがれていることにあります。毛穴がふさがれている場所が、病気の場所です。身体は本質的に不純なもの、異物には一切耐えられません。そのような不純な物が特定の場所に蓄積すると、身体は病気になります。どんな病気も、身体の異物からの解放なのです。脊柱の経路がふさがっていると、人は生気を失います。脊髄には空気中からプラーナ、つまり生命エネルギーを吸収し、それを身体全体に行き渡らせる能力があります。どんなふさがりがあっても、血液の正常な循環が妨げられます。血液循環が正常でないと、身体はさまざまな病気にさらされます。（84Ｘ－１２５）

白湯を飲んで発汗を促す必要があります。白湯は数杯飲まなければならなくなるでしょうが、レモン汁を数滴垂らしてもよいでしょう。たっぷりと汗が出たら、濡れタオルで身体を拭いて、清潔な衣服を着ます。さらに、コップ半分ないし一杯の白湯を飲む必要があります。（84Ｘ－１２７）

不平不満は、スピリットの不純物であり、身体の毛穴をふさぎます。水で身体を浄化するように、呼吸を通じて全七百万個の毛穴を開いて、その不純物を取り除くのです。また、ハート、マインド、そして魂が自由に呼吸できるよう、スピリットの汚れを一掃するのです。この方法で呼吸を始めると、その人の不平不満は満足に変わるでしょう。（26－46）

動き

ベインサ・ドウノは私たちに、自分の動きを意識し、それをできるだけ優雅で調和的なものにするよう促します。このことは、身振りや歩き方に当てはまります。私たちはみな、身振りは表現に富むが、意識しているよりも無意識でいることの方が多いことを知っています。身振りの科学がベインサ・ドウノによって考案され、体系的なエクササイズになり、最終的にはすでに別の自著にて書いたパネウリスミーそのものとなりました。左手が受ける側、右手が送る側という四肢の両極性について気づいている人は、ほとんどいません。これは、特定の感情と思考を身振りによって伝えることができるということです。簡単な例を挙げると、右手の身振りから聖職者の祈りの言葉に対応する愛と光を発することができます。自らの動きをもっと意識するようになれば、自分の意志を強化することができ、もっと有益で調和のとれた人間になります。

生命は動きです。(43－126)

人が状態を変化させるとき、内側に動きがあります。(16－25)

動きは、意志の力の結果です。(31－81)

人の動きは何を表しているのでしょうか。それは、エネルギーの消費を表わしています。あらゆる動きは、意識しているものも無意識のものも、何らかの過程の効用です。人は、動きを通じて、自らのエネルギーの一部を与えたり、受け取ったりします。人は、意識的に身振りをしないといけませんし、エネルギーを変容させる方法として、それを自らの物質的な生活で用いる必要があります。あなたの気分は、意識的で理性的《ノエティック》な身振りによって、改善することができます。(76X－84)

自然で自由な身振りは、身体に美を与えます。強制的で不自然な身振りは、人を疲れさせます。（33－40）

口の不調和な動きは、友人たちとの関係を破壊する力があります。目、鼻、眉を使う罰当たりな動きや愚かしい動きがありますが、それは人生全体に不調和を引き起こします。（27－206）

不調和な動きは、傷んで腐敗した食べ物と同じように、身体をかき乱します。（22－130）

身振りは常に、ある一定の理性的《ノエティック》な法則に則って、意識的で思慮深いものでないといけません。（56－98）

自分自身が快い状態になるよう、快い動きをしなければなりません。自然の法則に従って自然な動きをしているとき、偉大な内なる喜びを感じるでしょう。不自然な身振りをしていると、誰かにナイフで切られたような感じがするでしょう。（83X－175）

身体の動きはどれひとつをとっても、内なる変化を伴います。（76X－92）

あらゆる理性的《ノエティック》な存在の動きと調和していれば、動きは理性的《ノエティック》です。あらゆる存在が私たちと調和していれば、私たちは内なる喜びを感じます。（65X－59）

人の動きから、その人が繋がることになる自然の流れが、上向きなのか下向きなのかがわかります。（76X－92）

腕を上に挙げる人は、自然の理性的《ノエティック》なエネルギーからの助けを求めています。（76X－148）

腕を挙げると、神の世界と、つまり理性的《ノエティック》な光の存在と繋がります。（71X－80）

太陽のエネルギーを受け取りたいと願うのであれば、朝にエクササイズをする必要があります。日中にたまったエネルギーを取り除きたいと願うのであれば、夕方にエクササイズをする必要があります。（21－126）

私たちがするどの動きも、どの思考も、どの感情も、集合意識の内側にある、あらゆる存在の神聖な法則全体と調和している必要があります。（65X－50）

人間の調和になくてはならない特徴は、あらゆるものが可塑性で、柔軟で、そして動的であって、そのうえで壊れないということです。静的なものは脆弱で壊れやすいのです。（38－83）

動きという言語を理解している人は、それを読解することができ、他人と自分自身を学びます。（22－120）

歩き方でその人がわかります。（22－23）

人が考えたり感じたりすることはどれも、歩き方に反映されます。（22－23）

背筋を伸ばして歩くのです。兵士のようにではなく、詩人や哲学者のように。そういう人の思考は自分が何をしているかに集中していますし、ゆっくり歩きはじめ、その後速度を上げていく、というふうにリズミカルに歩いているはずです。（22－100）

まず、つま先から着地して、そのあとかかとをつけることを身に付ければ、背骨がきしむのを回避できます。（76X－52）

人がどこかへ向けて出発するとき、その人はまず神の方に向かい、右足を前に出してから、歩きはじめるでしょう。マインドが最初で、ハートがそれに続きます。（22－28）

あなたが誰かにどこかに行こうと誘っている場合、その人たちは急いではいけません。立ち止まって、少し考えて、内側に向けて祈ってから行く準備をします。私たちは、急ぐと何事も達成しません。（22－28）

歩くとき、動きは、思考と感情の全体と調和がとれている必要があります。（83X－175）

人生は生きる価値があることを知っている人と会うとき、その人がしっかり前を向き、確かな足取りで勇ましく歩いている様子を目にするでしょう。（22－28）

善良な人は静かに、水のように歩きます。（22－28）

調和のとれた生き方をしている人は、リズミカルな歩き方をします。柔軟でしなやかさがあります。（54－162）

仕事

日々の仕事の計画は、精神の分野と身体の分野、つまり、脳がする作業と手がする作業に分けます。その考えは、通常インナーワーク、つまり自分自身、自分のマインドとハートにまでは及びません。この種の作業はスピリチュアルな鍛錬によるものであり、それによって人は思考と感情から不純物を取り除いて浄化しようとします。ベインサ・ドウノは、私たちにスピリチュアル的、精神的《メンタル》、情緒的、身体的な作業に時間を費やすよう勧めていて、それは、さまざまな種類の活動のために特定の時間を規定している聖ベネディクトの戒律にほぼ沿っています。木々や植物が花や実をつけるように、人類は自らに植えた神聖な種や才能を栽培するための作業をすることができます。これは、人間の創造の形としては最も重要で、さらに高次の領域では、働くことは創造することであり、創造することは働くことだからです。

ベインサ・ドウノはその教えの至るところで、人が働いているときには、マインドに高い理想を持つことが重要であることを力説しています。理想は、行動に向かう首尾一貫性と方向性をもたらし、努力の集中に至ります。そのような理想は、地球上の神の王国の到来に向けた作業に捧げられ、神の栄光のためにあらゆることをすることになります。次の文言は、この所感を表すものです。

私たちみなが、道を踏み外さないようにしてくれる理想がありますように。
私たちは常に、神聖なものに奉仕し、無数の形で愛をよりよく表現しようとしていますように。
私たちが熱心で、純粋なハートと光り輝くマインドで仕事をしますように。愛が私たちのあらゆる行動の基準でありますように。

私たちの言葉には優しさが、
外観には真実が、
決めたことには正義が、
行動には親切さがありますように。

私たちが光のように純粋で、
水のように透明で、
愛のように豊かで、
真実のように明るく、
叡智のように調和がとれ、

正義のように堅固でゆるぎなく、
美徳のように安定していますように。

主よ、私は、汝が汝の叡智に植え付けられた善良なマインドと、汝が汝の愛に植え付けられた善良なハートを、私に与えてくださったことに感謝します。この愛と叡智をもって、私は汝の御意志を成し遂げることを願っています。

地球に来るということは、人には果たすべき何らかの使命があるということです。その目的のため、人には、仕事に投入して増加させなければならない何らかの資力が与えられています。(76X－37)

人生の恩恵を利用するには、それを得るためにすでに働いていなければなりません。(89X－28)

弟子として、あなた方は働きたいという一定の衝動を維持しなければなりません。仕事と運動を通じて、あなた方は身体の強さを発達させるのです。自然は強く勇敢な人を愛します。そういう人たちは、自然の良いところを利用できるからです。(116X)

現代人がすべき基本的なことは、意識的な仕事です。このようにして人は、自然が自らに注いでくれた才能を見出すでしょう。その種の仕事は、内的でスピリチュアルです。(46－211)

自らの才能を育もうと努めなければなりません。それは、あなたが理性的《ノエティック》に整っている場合にのみ成し遂げられます。(46－211)

自分の欠点の一部を正したり、良い特性を獲得したりすることが仕事です。寛大で、勇敢で思慮深くなりたいと願うことは、高貴な仕事です。(83X)

愛と真実が共にある神聖な叡智の法則によれば、雑用は重要です。雑用は――どんなに小さなことでも――神聖です。(78X－50)

仕事の動機は、神、すなわち世界の偉大な原理と調和し、一致していなければなりません。それは理性的《ノエティック》な仕事を意味します。(76X－216)

無理せず、自分を苦しめず、良心的に仕事を始めなさい。生活のなかであなたの邪魔をするあ

らゆることから抜け出しなさい。あなたに足りていないもののために、働きなさい。(25－40)

何かを疑っていても、それをはっきりさせようとはしないでください。(18－51)

あなた方は、一部は自分自身のために、一部は大切な人たちのために、一部は神のために働くことになる方法で、自分の仕事を入念に計画することが必要です。言い換えれば、一部は自分のマインドのために、一部は自分のハートのために、一部は自分の身体のために、自分の時間を使うことになります。(45－99)

強い人はいら立ちというものを知りません。その人は、穏やかに、静かに、大いに喜んで自らの仕事をします。(103X－67)

作業に取り掛かるときにスピリットが落ち着いていない場合、その作業を終えられないことを示しているのではなく、選んだその方法が正しくないことを示しています。(103X－68)

自力で祈るだけでは苦難は解決されません。祈り、考え、働いてようやく、あなたはその苦難を解決します。(46－280)

百回間違っても、仕事をあきらめてはいけません。（38－6）

人は努力して、与えられた問題の解決に尽くします。これを理解できない人は、自分は独りで問題を解決していると考えています。独りで働いている人は誰もいません。数多くの目に見えない理性的《ノエティック》な存在が、人々を助けてくれています。（4－35）

人は三方向、すなわち二〜三時間をマインドに、一〜二時間をハートに、二〜四時間を身体（肉体労働）に向けて働くことが推奨されます。（95X－234）

正常な人は、どんなことも喜びをもって行います。決して、余分な仕事を自分自身に負わせ過ぎるようなことはしません。達成することができることだけに取り組みます。正常な人は、どんなことをするにも自由の法則に従っています。（18－188）

人は一所懸命働かなければいけませんが、度が過ぎてはいけません。仕事がうんざりするほどあってはいけないのです。人は楽しいと感じる範囲で働く必要があります。本当の仕事は、人間のエネルギーを整えるものです。（90X－302）

弟子は、すでに手を付けた仕事は、結果を出すまで辞めてはいけません。(28－61)

どんな人にも、独りで仕上げなければならない仕事が与えられています。神が求めている仕事を完遂しないでいると、自由にはなれません。神が求めた仕事を実行するまで、地球に千回戻ってこなければならなくなります。(45－214)

愛を込めて冷静に成し遂げられた仕事は、どんなものもその人に恩恵をもたらします。(2－247)

神に仕えること、繋がりを感じること、常に神聖な行動をする準備ができていること――そこには人類のエネルギー、豊かさ、力、そして知識があります。(78－78)

満足していて勤勉な人は、自分磨きをしていてやがて輝き始めます。(32－77)

「光の子ら」でありなさい。「光の子ら」という考えは、食べたり飲んだりするのではなく、仕事をし、創造し、作り上げるために地球に来た理性的《ノエティック》な存在という意味です。そんな人たちは、ペンでもあり、同時にハンマーでもあります。野に行けば、そんな人たちがいるでしょう。その人たちは土地を耕し、掘り起こし、物を建てたり、作ったりしています。どこから見てもよい労働者です。その人たちの手を通したものはどんなものも、生命を宿し、よみがえります。（27－107）

愛情を抱き、意識的に働きなさい。人々がいつか、あなたのことを「神の形と似姿に創造された人がいる」と言うように。（27－43）

人は、日々この重要な問題を解決する必要があります。人はなぜ地球に来たのか。どんな仕事をしなければならないのか。一人ひとりが自問するのです。自分に与えられた任務、仕事は何だろうかと。（9－91）

地球上で私たちは、どんな方法で自分の使命、自分の運命を果たすことができるのでしょうか。私はこう言います。「みなその場にとどまって、その場所で神に仕えなさい。あなた方が受け持つさまざまな持ち場は、あなた方の任務を成し遂げるのに必要な条件と要素です」。（39－100）

人類に課された偉大な任務は、働くことと学ぶことであり、小さなものから始まって、大きな

ものに進みます。(56－197)

弟子たちの任務は、マインドとハート、つまり、自分の考え、感情、才能を支配することです。いずれも理性的《ノエティック》な意志力でコントロールしなければなりません。(95X－113)

人類の最初の任務は、人を神に変えることではなく、自分自身に対して働きかけることです。(56－205)

どんな人の任務も、魂に植えられたアイデアを実現することです。どんな状況にあっても、自分の考えに忠実でいつづけなければならないことを理解する必要があります。(27－301)

あなたの現在の任務は、自分の過去の過ちを正すことです。過去の誤りを修正することができないのであれば、新しい条件を利用することができないでしょう。(11)

人々が自らの人生を断片的に改善するということはありえず、自らの人生を徹底的に見直さなければならないでしょう。人はみな、崇高な考えがあります。誰もがみな、法則として愛を受け入れなければなりません。どんな人も、さらに発展するよう、自分の場所と発達段階を知る必要

があります。（97Ｘ－193）

人は、その人が持つ強い願望によって決まります。私たちの真の性質は、基本原理を目指すものでしかありません。不変のものでしかありません。それ以外の、絶えず変化しているどんな現象も、用いるべき手段と訓練法を表しています。（46－174）

人格を形成する困難や苦しみを恐れてはいけません。それは、私たちに人生の方向と目的を与えてくれているのです。（46－240）

人生の目的は、地上の永遠性をはっきり知ることであり、永遠に変わらないものであることを知ることです。（56－225）

美徳

私たちは、自らの美徳と才能を発達、発展させるために内部の奥く深くに働きかけ、自分の内側の神聖な形を明らかにします。生命の状態は、私たちの美徳が成長しうる土壌です。パウロは、スピリットの果実、すなわち永続し、成長し続けることが必要な果実について、新しい世代ごとに再び木々に実る果実についてわかりやすく書いています。最も崇高な特性は愛であり、ベインサ・ドウノはこれを平和と、さらには平和から喜びに結びつけていて、喜びの定義は、愛の内なる流れ、つまり魂にある春の花だと話しています。そのいずれの特性も、神の世界との繋がりを作る信仰なしには、はっきりと理解できません。信頼は疑いを全く許さず、避けて通れない人生の嵐に直面したときに勇気を促します。

ベッドに入るとき、次の言葉を唱えることを勧めます。「私が実践している信仰は、神聖な調和をハートのなかの願望に注ぎ込みます」。信仰が愛の第一の翼なら、希望は第二の翼です。希望は、絶望に対する不可欠な解毒剤であり、このつながりはフランス語の「espoir（希望）」と「desespoir（絶望）」の方がはっきりしています。それは物質界の試練を通して私たちを支えている希望ですが、信仰と愛の一対の原則がないわけではありません。ベインサ・ドウノは、数々の講義のなかで、この三つの原則とそれぞれの結びつきについて、ある程度深いところまで、豊かで創造的な存在の必須条件である基本事項に、必ず戻って説明しています。

「純粋な愛と叡智である神の御意志――すべては、最善のため――」という、ゆるぎない信仰を持たなければなりません。そのような態度は、あらゆる困難を解決し、否定的な状況を肯定的なものに変えるのを可能にし、魂の強さ、思考の自由、そしてゆるぎない自己完結の能力に導きます。

愛が物質界に降りると、それは美徳に変わります。（39－107）

真実の人は、外的にも内的にも黄金のようであるはずです。（50－206）

人の偉大さとはどこにあるのでしょうか。自ら発達させた美徳のなかにあります。（27－280）

人生とは何でしょうか。それは、美徳を身に着け、その美徳を自ら身にまとう方法を知る術です。（111X－247）

真の美徳とは内側からくるものですが、美徳が発達するための条件は外側にあります。美徳が現れるのは、まず生命があってこそです。（27－327）

あなた方はみな、意識を持って働き、自らの内側に備わっている美徳と才能を発達させる必要があります。聖書には、あなた方は神の似姿であると書かれています。どうすればそれを実感できるのでしょうか。自分自身に粘り強く意識的に働きかけることです。それは、一人ひとりに与えられている偉大な仕事であって、単に一年のコースでも一生涯のものではなく、あなたが地球上にいる間ずっと、はるか時代を超えた仕事です。（37－93）

美徳の成就には大きな苦難がつきものです。どんな美徳も徐々に成長し、発展する有機体を表しています。美徳を生み出すこと、すなわち、美徳を顕現することは、人間の魂と神との正しい結びつきを示しています。人の思考と感情と行動も正しく結びついています。（34－99）

自分の才能は自分自身の目的のためだけのものだと思うと、その才能を失ってしまいます。その才能を維持したいと思うならば、その才能を使って、自分自身の利益のためだけでなく、大切な人たちの利益のためにも働かなければなりません。（58Ｘ－２７３）

スピリットの果実は愛、平和、忍耐、思いやり、慈悲、信頼、温和さ、自制です。愛は父であり、喜びは母であり、平和はその子どもです。恩寵を受けたいと願う人は、スピリットの果実を持っている必要があります。（31－73）

天使界に属する美徳というものがあります。それは、長きにわたる苦難を父、穏やかさを母とし、その子どもとして慈悲が生まれることです。あなたがその美徳を得れば、天使たちのなかにいることになります。（31－13）

第三のカテゴリーとは、信頼という父、温和さという母、自制というその子どもです。（31－13）

あなた方は何よりもまず、自らの感情を支配することが必要です。自らの手中にあり、自らの自由にすることができるからです。そうすれば、自分の舌、自分の目、自分の鼻、そして自分の耳を支配することを学ぶでしょう。（13－21）

善良な人とは、決して濁ることも汚れることもない人です。善良な人は、決して純粋さを失いません。深い山の湖の水を泥で汚すことは可能でしょうか。善良な人は決して腹を立てたりしません。（32－73）

美はスピリットの属性です。美は真実の表れです。美は感受性の表れです。器量を良くしたいと願うならば、自らの感受性を活かして働くのです。（22－191）

愛は慈悲を発展させ、慈悲は人々を優しく、思いやりがあり、他人の弱さを理解する人にします。（28－200）

善良であるためには、穏やかさを示すことが必要です。穏やかさは、情け深さと感受性の二つの特性によって決まります。(18－182)

若くあるということは、あらゆる不要な重荷を捨て去り、必要なものだけを持っておくことを意味します。(28－11)

人が生きとし生けるものすべて、すなわち花々、鳥たち、哺乳動物、人々に親切であれば、その人は並外れており、あらゆる存在を愛し、その存在をみな大切に扱います。(27－196)

純粋さの見本であることを目指しましょう。明るい思考と崇高な感情を持ち、高貴な行動をとる必要があります。言葉ではなく行動の見本、あらゆるものの見本です。(28)

人は自分が受け入れる考えを導き出し、応用しなければなりません。考えを受け入れても応用しなければ、その人たちの体に堆積物が溜まっていって、それが病気を引き起こします。(90－23)

喜びがなければ、光も暖かさも存在しえません。(57－170)

「生活のなかに安らぎがない」と言う人がいます。安らぎがないのは、自分の内側に愛がないからです。（14－24）

平和は内なる静寂をもたらします。（109X－390）

神に祈る人のなかには、「主よ、私の魂に平和をもたらしてください」と言う人がいます。そういう人たちは、自分自身の外側の存在に向かうように神に向かいます。人はまず、神は自分の内側にあることを知る必要があります。神は、魂の奥深くに隠れています。神が私たちの内側にあれば、平和もそこにあるはずです。人はなぜ、外側から平和を探すのでしょうか。平和は神の特性であり、人間の特性ではありません。ですから、神が自分たちの内側に顕現することを許すほど、私たちが平和を得る可能性は大きくなります。（56－200）

偉大なるものがこの世界にまさに来ようというとき、兆候のひとつとして、動きのない内なる静寂があります。それを平和といいます。（109X－390）

人が永遠の平和という静寂に到達すると、今ある問題は残らず解決されるでしょう。（14－78）

内面で統一が得られた人はみな、深い内なる平和と平静があります。（14－63）

喜びは平和のあとにやって来ます。（104X－390）

喜びは、生まれ出でた愛の内なる流れです。その前に平和があります。（109X－380）

現代の人々は、喜びの機会を逃しています。どんな人も内側をむしばむものがあり、それがハートを悩ませます。（14－130）

ハートの内側にある邪悪なものを、そのままにしてはいけません。私は朝起きたら、いかに人々が自分自身を邪魔しているかを目にします。気分がよくないと感じたら、自分自身にこう言うのです。「神は十分喜んでいます。あらゆる世界とあらゆる天使が喜んでいます。そうであるのに、なぜ私は自分自身の邪魔をするでしょうか」。（109X－187）

トンネルから抜け出て、最初の太陽光線を浴びる人はみな、自らの人生の谷間を切り抜けたのだと、大きな喜びを感じます。どんな人もその喜びを感じるはずです。（14－137）

喜びは、人生が花開き始めていることを示しています。そのような開花は、人間の意識のなかに起こります。（109X－330）

信仰は、あなたがこの世界と、次の世界で握っているロープです。（89X－261）

信仰には神聖な起源があり、信念は人間に起源があります。（89X－201）

信仰──マインドの内なる刺激として──は、人を知識の領域に導きます。人はその場所を知りませんが、人間のマインドと理性的《ノエティック》な能力との間には、確かな繋がりがあります。（57－90）

私たちは、知識の結果である信仰について話をしています。たとえば、人々は前の年のことを知っているため、春はまた来ると思っている、などです。（27－151）

知識を獲得することなく信仰が強くなると、それは盲信です。（97X－90）

信仰は、数多くの病人や瀕死の人々をベッドから起き上がらせます。誰もが信仰の力を信じる

ことができます。それは、大火を引き起こす火花です。（27－408）

試したことのないものが存在すると信じることは、暗闇で生きることを意味します。試したことのあるものを存在すると信じることは、光のなかで生きることを意味します。（26－196）

完全に神を信仰している人は、穏やかです。そのような信仰があれば、マインドが直ちに明るい思考で満たされるには、ただ神のことを考えるだけで十分です。（17）

信仰と愛は、正反対の作動の仕方と規模で作用する理性的《ノエティック》な力です。信仰は大規模に作動し、愛は小さく作動します。あなたが大きな難題に直面したら、信仰という神の奇跡を使うことになります。小さな苦難のときは、愛という神の奇跡を使うことになります。信仰は大きな苦難に、愛は小さな苦難に打ち勝ちます。人生がうまくいかないのは、方法に矛盾があるためです。（76X－46）

神聖な信念は、愛に根差した信仰が必要です。（14－196）

私たちが神を愛するとき、私たちには絶対的な信仰があります。（14－146）

第八章

自然との関係

私たちは、人々が自然は生きていて神聖であることを再発見し始めた時代に生きています。十年前の書物には自然の死について書かれていましたが、現在、私たちは、自然の再生に関する書名を目にします。しかしそれは自然が変化しているのではなく、私たちの考え方や解釈が変化しているのです。三百年間にわたって、私たちは、森羅万象は大きな時計仕掛けの装置であり、私たち自身は生化学的コンピュータであると考えるように促す、機械論的な世界観に支配されてきました。この考え方は、ガイアは自律的な有機体であるという科学的説明に代わられつつあり、これは、地球は生きているという一般的な見方と一致しています。

ベインサ・ドウノの考えはさらに進んでいて、自然は単に生きているだけでなく、知性もある、と考えていました。私たちが目にしているものは、理性的《ノエティック》な存在の行いによる最終結果だけであり、その行いが目に見える過程の根底にあります。私はこのことについて、『The Circle of Sacred Dance（聖なるダンスの輪）』の中で、紙面を割いて考察しています。しかし本書の目的からすれば、自然が生きていて知性があることを示し、生きた知性に触れるいくつかの方法について言及すれば十分です。

人は、自分が認識する知性としか、意識的な接触ができないことは言うまでもありません。生命のない装置として世界を扱う自然の哲学は、このような可能性を否定しています。ベインサ・ドウノの学校では、弟子たちに対して、さまざまな形で習慣的に自然と交流するよう奨励しています。具体的には、栄養を取って食べ物のエネルギーを意識的に消化吸収し、早朝のプラーナを吸収することができる日の出に参加し、崇高な存在たちが宿る場所であり、オルフェウスが入り浸っていたと言われる古代の神聖な場所、その存在が感じられる山の中で過ごし、山の水を飲んで山の空気を吸って、最後には、自然の知性との意識的で理性的《ノエティック》な交流であると定義されるパネウリスミーそのものを行います。その数々の身振りには、与えることも受け取ることも含まれています。ベインサ・ドウノの教えとして、自然と健康がまとめられたものが、最初で本物の、エコ・スピリチュアル（人間と環境とのスピリチュアルな結びつきを表したもの。西暦二〇〇〇年を過ぎた現代の生態危機から、環境保護を中心とした宗教と精神性が求められるようになった）の伝統のひとつになっています。

次の祈りの言葉は、開けた空間であればどこでも使えます。空を仰ぎ、太陽、雲、木々、花々、草を見て、神の偉大さを感じましょう。自然の美について神に対する尊敬の念を存分に味わいましょう。そして、精魂込めて、この祈りを捧げましょう。

あなたは偉大なる主！
あなたの御業は素晴らしい！
あなたの御名は何物にも劣らず！
私からあなたに愛を送ります！
私は森羅万象のなかにあなたを見て、その内であなたを愛します！
私は未来永劫にわたってあなたに仕えます！

自然はその構造だけでなく、それが顕現する知性と感受性も偉大です。私たちはみな、今日、神だけでなく自然からの直接の導きを受けます。（１０８X）

自然は生きています。（67X）

生きている自然は、無数の理性的《ノエティック》な存在の、活動の集合体以外の何物でもありません。（45X）

あなた方は、自然のなかにあるあらゆるものは生きていることを知っていますので、あらゆるものに対して大いに敬意を表さなければなりません。あなた方にこのような叡智があるならば、横切る植物一つひとつを見つめては空を見上げるでしょう。これは、植物に顕現される生命それ自体に敬意を払ってのことです。それは、神の思考のイメージという小さな表現形式です。（6）

神聖な思考は、あらゆるところに現れます。それは、あらゆるものを変容させ、整えるため、私たちが生きている自然に言及するとき、神聖な思考の現れを意味し、神がこの世界で働くことによる偉大な法則の顕現をも意味しています。（6）

理性的《ノエティック》な自然とは、何を表しているのでしょうか。それは三つの形態、すなわち条件と可能性を内包する物質の面、全法則によって構成されているスピリットの面、そして生命全体に働くあらゆる事実と原理を包含する精神または神聖さの面で作られた生命を表しています。また、最終的に、そして何より、その条件と可能性を示す偉大な理性的《ノエティック》な秩序のほか、法則、事実、そして原理を表しています。（27）

自然の言語は、あらゆる存在に共通しています。それは、エスペラント語に似ています。天使たちはみな、この言葉を話します。生命の意義を理解したいと願う人は、その言語を間違いなく知る必要があります。（15）

自然のなかに居場所を見つけ、自分の運命を理解する人は、偉大で神聖な生き物の手足としての機能を発揮することができます。(18)

あなたの全ニーズを予見し、満たしてくれる理性的《ノエティック》な自然と調和していましょう。この世界のなかに、理性的《ノエティック》な自然が描いてきた道から、人を方向転換させることができる力はありません。(46X)

あなた方は、人生の困難や課題に打ち勝たなければなりません。神と調和し、生きている自然の法則に従って働く必要があります。(26)

人間にとって自然とは、人の潜在性を現し、特徴を作り上げる可能性にすぎません。自然は実在の神の世界を表していて、そこから私たちは内なる主観的な世界を形成しなければなりません。私たちが外側に目にするものはみな、神聖で本物です。第一に、私たちはそれを自分自身の内側に受け入れなければなりません。次に、客観的な世界を創造するには、それを外側に投影しなければなりません。これが、人が自分自身の特徴を創造する唯一の方法です。神は人間を助けるためにやって来ます。神は一人ひとりに働きかけ、同時に人類全体にも働きかけます。(95X)

あらゆるものには、本来あるべき場所というものがあります。花々、山の泉、石は、誰もが読むことができる文字のようなものです。(26 X)

川のところまで行って、その流れを見れば、楽しい気分で立ち去ることができるでしょう。(80 X)

自然のなかに身を置くと、そこから刺激を受けるでしょう。このこと自体が芸術なのです。山の泉が歌う様子を耳にするでしょう。小さな石たちは、なんと心地のよい音楽を奏でるのでしょうか。森林のなかでは木々の葉がささやき、特別な音楽を奏でているのです。動物や鳥たちの声を理解すると――特に歌い始めたとき――なんとその調和のとれていることか。人は、鳥たちがどんなふうに祈り始めるのかを耳にするのです。(16 X)

自然の広大さに包まれたら、空気、光、山の泉、星々のことを考え、決して自身のことを考えてはいけません。自分のことを考えたら、正しく発達することはできなくなります。(85 X)

自然には、特に四月と五月には、生命エネルギーが豊かにあります。両月は毎日が万金に値します。人がこの両月に受け取ることができるものは、ほかのどの時期にも得ることはできません。世界中のどの薬局も、自然が人々のために蓄えているものを与えることはできません。人が自然のエネルギーの使い方を知っていれば、たった一カ月で十分なエネルギーを得て、どこへ行っても活力にあふれ、生き生きとした自分を発散させるでしょう。誰の家に行っても、喜んで迎え入れられるでしょう。人は自然の磁気エネルギーを帯び、それを大切な人たちに分け与える必要があります。(84X)

あなた方は、自然全体を学ぶ必要があります。その一挙手一投足に本質的な重要さがあります。そして私たちは、自然が私たちに与えてくれる良き事柄を喜ぶべきなのです。(108X)

自然は、一人ひとりに、その人の成長に必要なエネルギーをあてがってくれます。(28X)

自然には偉大な法則があり、それに従って、自然は最小のエネルギーであらゆることを成し遂げます。自然は節約が好きなのです。(19)

自然は、自然を理解する人、正しく考え、感じ、そして行動する理性的《ノエティック》な人のために働きます。(28X)

法と秩序に関する疑問は、生きている理性的《ノエティック》な自然のなかでのみ、見つけることができます。ですから、地球にやって来た人は、自然のなかに存在し、自然に従って生きているその不変の秩序を学ばなければいけません。(26X)

人体のエネルギーの働きが、自然の法則とエネルギーと調和しているとき、人は自分に自信を感じます。(22X)

これまでも、今でも、規則正しく生活――理性的《ノエティック》な自然の法則と一致した生活――をしていれば、その人はすばらしい健康状態を謳歌します。(27X)

森林伐採と哺乳動物の虐殺が多大なる苦しみをもたらしていて、人間もそこから逃れられません。人間は、動植物が人の成長と発達に必要な生命エネルギーの貯蔵場所であることに気づいていないのです。哺乳動物を虐殺すると、その生命エネルギーは空間にまき散らされます。さらに、人は自然のエネルギーに直接触れることができないため、動物が生きているときに、その動物を通じて受け取るエネルギーが奪われるのです。(21X)

自然にはすばらしい豊かさがあり、その裁量は自然に任されていますが、少しずつしか分配されません。自然は、与えたその少しで満足する方法と、その少量で与えられた仕事を実行する方法を人間に教えたいのです。ですから、日中に与えてもらった小さな恩恵を、理性的《ノエティック》に使うことを学ぶのです。心配いりません。前方には永遠があります。神の恩恵がやむことはありませんし、その恩恵は永遠にあなたの人生に流れてきます。（3）

生きている自然は、まったく急いでいません。その先には永遠があります。自然には、望んだだけの時間があります。自然は、エネルギーを無駄にしません。急ぎすぎる人は、エネルギーの元手をすぐに使い果たしてしまい、早死にしてしまいます。（54）

人間が発達している限り、地球も発達します。人間の発達段階が上がるほど、地球も進化します。地球の形はさらに美しく、完璧になっていきます。今日、地球が通過している発達の過程は、緩やかで平坦です。かつて地球の発達は、迅速で大激変を伴っていました。（3）

クリスタルは、地球に存在する最初の形で、そのあとが植物でした。その後に小動物が現れ、だんだんと大きな動物が続きました。最終的に人間が現れました。クリスタルは、叡智の世界から降りてきました。植物は、天使界から降りてきました。その後、大天使の子ら、すなわち動物がやってきて、最終的に、神の姿かたちをした人間がやってきました。しかし、それが発達する条件がよくなかったため、別の段階にある現代人が創造されました。神の似姿である人間は、今にもやって来るでしょう。そして、意識的に神に戻ろうとしている種類の人間は、人の進化の責任を負うことになります。その魂たちは、自らの道の途中にいて、私たちはその魂に会いに行くことになります。あらゆる宗教が意識の変容を経験することになります。あなた方は今、神の子らの世界に近づきつつあるのです。(77X)

種子の道は、地上から木の枝までです。それは人々が進化と呼んでいるものです。(26X)

人は、進化の法則に従って生きて、発達しています。最小の考えと単位から始める必要があり、それは最も手近にあって徐々に大きな単位、遠くの対象物へと進みます。この法則を適用することによってのみ、私たちは何かが達成されることを予想できます。(56X)

あなたの人生の根幹はハートに、人生の枝はマインドになければなりません。樹液を残らず枝、つまり神に向けて送るのです。それが進化であり、未来の果実が熟すよう、花を形作ることです。

(50)

進化、発展したいのであれば、生活を現状のままとどまらせないことです。毅然たる態度でこう言いましょう。「悪は進化に必要です。私たちは、普遍的な愛の要求に従って生きていきます」。（75Ｘ）

太陽

光は愛のしるしです。私たちの頭上で太陽が輝いているとき、それは神が私たちに光を送ってくれているということです。物理的な光は、神の愛のしるしです。（118Ｘ）

どの人、どの社会、どの国の予算も、つまるところ人類全体の予算は、太陽によって決まります。現在、太陽が地球に送ってくれている物理的エネルギーは、どんどん大きくなっています。つまり、人々は現在、太陽からスピリチュアルなエネルギーよりも、物理的なエネルギーの方を多く受け取っています。将来は、太陽のスピリチュアルなエネルギーも受け取ることができるでしょう。（28Ｘ）

人は、純粋で神聖で、理性的《ノエティック》な生活を送る必要があります、と私たちが言うとき、私たちは、太陽のしかるべきエネルギーを引き出す必要があると考えています。人は霊感を受ければ受ける

ほど、太陽のスピリチュアルなエネルギーに接する能力が高まります。(28X)

太陽のエネルギーはプラスのエネルギーで、人に対して好ましい作用を働かせます。地球のエネルギーはマイナスのエネルギーで、人に対して好ましくない作用を働かせます。前者のエネルギーは人類の上昇を助け、後者は下降を助長します。上からくるエネルギーと同調するようにしましょう。(28X)

太陽は、新しい考え、新しい発見、新しい哲学、新しい宗教、そして新しい科学の担い手です。太陽は、古いものを何もかも払拭《ふっしょく》し、その古いものを消費して塵に変えるのです。太陽は、地球に純粋で崇高な生命をもたらすでしょう。それは誰のためでしょうか。準備できた魂たちのためです。準備できた魂は、太陽が輝くのを待っているつぼみのようなものです。太陽が輝けば、つぼみは開花します。(28)

早朝——遅くとも正午まで——の日光浴はよいことです。この日光浴により、マインドは集中して前向きになるはずです。受け取る太陽の光線は、前向きなもののみとする必要があります。寝入ってしまわないよう注意してください。さもなければ、受け取ったものを全部失ってしまうでしょう。(95X)

私は、太陽のエネルギーは生きるエネルギーであると考えています。あらゆるものは成長し、花開き、実を結びます。その生きるエネルギーは、太陽が昇る早朝にのみやって来ます。(64X)

太陽から来るエネルギーには、生命力と治癒力が蓄えられています。人が太陽のエネルギーを理性的《ノエティック》に使いたいと願うのであれば、日の出前の三十分間、太陽光線に背を向けて立ち、自らの思考を太陽に向けます。(76X)

早朝に外へ出て太陽を迎えるのであれば、地平線から日が昇る前にはその場所にいるようにしましょう。昇る太陽の最初の光線を受けるのです。それは最も重要なことです。それは真実の子なのです。そこには、太陽のエネルギーと力が含まれています。その第一光線を受け取らなければ、日の出を逸したことになります。第一光線を受け取り、静かに帰宅しましょう。太陽の第一光線は、全光線の富をもたらします。第一光線は昇る太陽の最初の果実であり、生命という偉大な樹の最初の果実です。(13X)

最も聡明な思考、最も崇高な感情、最も美しい行動には、太陽の第一光線、人の魂に浸透する第一光線が内在しています。(13X)

毎朝、太陽は昇り、見えない世界の存在たちがこうたずねてきます。「今日与えられた本のページに目を通しましたか」。太陽は本であり、神は毎日、そこに新しいことを書いています。（21X）

ですから、自分自身を良い状態に戻すには、朝、早起きして太陽の第一光線を受け取りましょう。それに光り輝く崇高な思考が伴ってきます。（28X）

ある小さな植物が神に祈っていました。「神よ、どうか私のところに、汝の天のしずくと光とともに来てください。私の小さなハートが汝の恩恵に喜ぶように。主よ、私は汝の光に会うために、最良の衣服を身に着けます。私は、私の道を通る人をみな、歓迎します。私は汝の御名においてその人たちを歓迎します」。（32X）

山

人が峰や谷に囲まれた大きくて堂々たる山々にいることは、とてもありがたいことです。山々は、人がその精神状態を変容させるのを助けるエネルギーの貯蔵所です。（95X）

古代から今日まで、スピリチュアルな分野で働いていた人、そして今働いている人はみな、高い山頂に訪れたことがあります。霊界の法則を理解する人は必ず、高い峰々を知性《ノエティック》のある存在として扱ってきました。（26Ｘ）

自らの肺の状態をよくしたい人は、高い山々に登る必要があります。呼吸が同時に改善されれば、スピリチュアルな能力がそれに応じて拡大します。（26Ｘ）

山頂への登り下りについて有用なことは、人の意識にも同じような上昇と下降が起こることです。（45Ｘ）

山々に来たら、私たちは早起きして神に祈り、私たちの周囲はすばらしい贈り物であふれていることに感謝を捧げます。（45Ｘ）

あなた方は今や山々に来ていますので、自然を汚さないように、森羅万象の一部として健康的に生きないといけません。あなた方はみな、自然の調和を乱さないよう、純粋な思考と感情を持つべきです。ほんのごくわずかな妨害も、悲惨な成り行きが待っています。（26Ｘ）

あなた方が登山をするとき、下山を急いではいけません。最も美しい場所を選び、座って休むと良いでしょう。周囲の景色を見渡して、美しい絵を自身の内なる魂に記録としてとどめるのです。谷に下りるとき、その生き生きした絵を記憶にとどめ、登ってきたばかりの山頂を思い出しましょう。高い山頂と純粋な山の泉は生き生きとして、永遠で消すことのできない映像を人の意識の内側に刻みます。（13Ｘ）

山の中を歩くときは、急がずゆっくりと静かに歩きます。数百メートル歩くごとに立ち止まって三十秒ほど休憩します。休憩中、あなた方はエネルギーを受け取っています。高みに登るほど、歩みは緩めましょう。そうすることによって、あなた方は自然の力に順応し、その力を正しく使えるようになります。そうしなければその力はあなた方に敵対し、自分のエネルギーを無駄に使ってしまうことになります。山はどのひとかけらも、自然のなかに働いている第一原則と繋がっています。ですから、あなた方が山頂に登るとき、山、頂上、湖その一つひとつの知性体《ノエティック》としての要素に触れるために、自然のなかで果たす山々の働きについて考えましょう。あなたはどこへ行っても意識して働き、知っていることを検討して応用するのです。（3）

山の泉は生きています。太古の昔から崇高なスピリットがその近くに座っていて、定められた役割を果たしています。山の泉に来たら、うやうやしくその前に立ち止まり、帽子を脱いで、顔を洗い、水を少し飲みます。そうすると、こんな言葉が出てくるでしょう。「主よ、この泉の水のように、自身のハートを清め、マインドを照らすのをお助け下さい」。山の泉に行ったら、その水を飲み、顔を洗い、感謝を捧げなさい。(14X)

新鮮な空気と純粋な水をたたえ、途方もなく美しい景色の山から与えられた恩恵を利用するには、満足して喜ぶことです。(26X)

ムサラ山への登山ができないのであれば、弟子にはなれません。ムサラ山登山は、特に夕方や、雪の降る冬の夜間には難しい試験です。まずは日中に試みることになります。次に月明かりの下、三回目は、山頂が雪で覆われている時期の闇夜です。この課題はとても困難ですが、やってみないといけません。覚悟が決まっていなければ、日中にムサラ山に行くという、最初の任務しかできないでしょう。それも容易ではありません。鳥の一羽も飛んでいないリラ砂漠を、まったく独りで踏破することは困難です。人は歩きながら時々自身の足音を聞き、葉の間を抜ける風の音を聞きます。特に夜遅くには、恐怖で髪が逆立つかもしれません。このような試みをしている人は、自らの性質に申し分ないものを得るでしょう。その人がリラ砂漠を渡るとき、先へ進むほどに真剣になっていきますが、その後、喜びに変わるでしょう。その人のハートは拡張し、静寂の谷を踏破することができたことについて、神に対する圧倒的な感謝を覚えるでしょう。逆風のような条件ばかりが揃っていることを知ったときに、人は成長します。人はこのようにして自らを知り、この世界の偉大で崇高なものについて精通するようになります。(95X)

一位の座を争うのでは、十分ではありません。あなたがそれに値していなければなりません。一位を切望する人は、夕方にムサラ山へ向けて出発し、リラ砂漠を渡って、戻って来ないといけません。これは英雄にのみ与えられる仕事です。英雄でない人たちは、同じルートをたどるにしても、二〜三人ずつで行くとよいでしょう。弟子たちは過去に、同じテストを受けています。達人や聖人たちはみな、この道を歩いてきました。高い山頂は残らず登っています。人生のなかで登る山頂は、その人の業績の指標です。(95X)

第九章

新時代

マスター、ベインサ・ドウノの新時代に関する言葉は、予言とインスピレーションの言葉です。マスターは、人類が自分たちより大きな有機的統一体の内側で、自分たちの状況や役割を意識するようになるときに、その時代の人々が発芽させる種、つまり愛、協力、理解、そして相互扶助という新しい文化の種を蒔くためにやってきました。この文化は、ゆっくりと、しかし確実に人の意識にしみ込んでいって理解されるでしょうし、私たちはますます、相互に結び付き、相互に依存していることに気づいていくのです。今はまだ、この過程は大部分が意識されておらず、よく知られてもいませんが、古いものが崩壊することにより、新しいものが出現します。

復活の力は愛の力であり、ハートの願望としての愛でも、まして魂の感情としての愛でもなく、マインドの力、スピリットの原理としての愛であり、人の存在の矛盾を調和させる手段としての愛です。復活は内側深くから外に向かって作用する過程ですから、すぐには現れません。最初の変化は、私たちのマインドとハートに起こり、それが行動の変化へとつながり、行動の変化は、天国への献身という高い理想によって突き動かされます。

私たちはみな、私たち自身の限られた存在範囲内で、マインド、ハート、そして意志に対して働きかけることによって、責任を持って寄与しながら、文化的復活に向かっています。私たちは、自分たちの性質を洗練させて、愛と叡智と真実の偉大な原則の観点から隠れた才能と美徳を発達させているのです。私たちが努力し、強い願望を抱き続けていれば、私たちの内側にある種は必ず実を結び、私たちにも、この過程にある他のものたちにも、喜びと平和をもたらしてくれるでしょう。

「人々はよく、人生の目標についてたずねます。答えは簡単です。私たちは単に、純粋でバランスの取れた思考をし、感情を洗練させ、ハートを浄化し、意志を強化するために生きていて、それをどのように使うのが最善なのかを学ぶのです」。

次の祈りの言葉（三回唱える）は、弟子の祈禱文であり、マスター、ベインサ・ドウノによって作られました。

私たちに、
クリスタルのように純粋なハートと、
太陽のように輝くマインドと、
宇宙のように広大な魂と、

神と神との合一のように強力なスピリットがありますように。

もうひとつの言葉

私は神が愛するように愛し、
神が歌うように歌い、
天国が地球に訪れ、
私が神の光を運ぶ者でありますように。

最後に、マスターの祝福の言葉

愛があなたと共にありますように
――そのことがあなたに平和と喜びと感謝をもたらしますように
聖霊の愛があなたの内側で輝きますように
スピリットが満足しています。
生命の太陽は永遠の輝きです。
私の平和が、神聖な純粋さのなかに生きるあなた方みなと共にありますように。

私の光と愛が常にあなた方、人生の弟子たちの内側にありますように！

主は、地上をきれいにするために、火を携えて訪れ、古い衣服を取り除き、新しい身体を与え、ハートに愛をもたらし、マインドを奮い立たせ、敵意も憎しみも残らず捨て去ります。これは新時代に固有の特徴であり、神聖な信念です。（31X）

私たちは清算の時代に入りつつあります。この清算の時代の人々は、自らを変化させなければなりません。古くて使い物にならないものを脱ぎ捨て、人生のなかで健全で役に立つ要素のみを残します。（56X）

新しい法と秩序がこの世界に訪れつつあります。新しい秩序は新しい人々、英雄を求めています。その秩序は、病気や犯罪、暴力を排除します。（32X）

世界を元通りに治す力があるのは、愛だけです。（26）

地球上の状態を改善するためには、人々が愛さなければなりません。愛はあらゆる必要性を満足させます。愛には、あらゆる良い状態と可能性が含まれます。愛はどんな力も強力に変容させます。愛が訪れた人からは特別な光が生じます。(14)

地球は愛が宿る場所に向けて移動しており、さまざまな力が働いている新しい領域に入りつつあります。この世紀が終わる頃には、人々は白旗を掲げるでしょう(訳注：当時の預言であり、まだ実現に向けて動いている途中と思われます)。天国との国境に到着し、こう言うでしょう。「とこしえの愛よ、とこしえの叡智よ、とこしえの真実よ！」人々はお互いに助け合い、平和と愛に包まれて、仲間たちと自由に生き始めるでしょう。(25X)

唯一存続する神は、愛です。愛は今、この世界に訪れつつあります。偉大な力がこの世界に訪れつつあり、あなた方は無意識のうちに変化を遂げつつあります。その愛はやって来て、あなた方から何もかも取り去るでしょう。あなた方は変化の途中にいるのです。ある日あなた方は目覚め、マインドが変わってしまっていることに気づくでしょう。(5X)

人はみな、新しいもの、新しい生活を切望しています。しかし新しい生活は、新しい概念を必要とします。新しい生活では、父、母、兄弟姉妹、教師、学生という概念は全く違うものになります。この新しい考え方が浸透していない人は、新しい生活に入ることができません。新しい考

え方なしに、どんな種類の再建も起こりえません。(3)

現在、この世界で意識ある人々はみな、期待しています。人生に良いことを期待しています。それは新しいもので、もうすぐ来ます。誰もがそれを感じています。それはすでに空気中に浸透していて、生命全体にも浸透します。(14)

あなた方へ質問します。現在の状態からどのようにして人間らしさは現れるのでしょうか。今日、人々はいかなる問題をも解決するための、新しい考え方を思いつかなければなりません。その問題の答えは、人類全体の難問を表しています。この大いなる難問には、誰もが関わらなければなりません。それは、あらゆる人々に等しく関わっています。現代の国家は、このことに気づいていて、解決に向けて働いています。(56)

未来の世界は愛と人間同士の理解の世界、親交と自由の世界になるでしょう。(32X)

私たちの任務は、地球に神の王国を生じさせることです。私たちは、神の法則の指揮を執る者でありたいと思っています。その法則がマインドもハートもすべて支配するものでありますように。男性も女性もみな、神聖な王国の息子になり、娘になりますように。その者たちが、地上で

相応に生き始めますように。(31X)

多くの人は、自分自身が善良になる前に、まず人生が改善することを期待します。これは、善という概念をまず生活に当てはめ、それから人類に当てはめなければならないということです。これは不可能です。人々は、天国が自分のなかに入る前に、天国が外側からやって来ることを期待します。人々は天国がスピリチュアルな方法で外側からやってくることを期待し、この天国の市民権が直ちに得られることを期待しています。しかし、そんなことは決して起こりません。天国は人々の内側にあるのであって、外側にはないのです。(3)

未来の人生のあらゆる利と財は、外的な条件と内側の可能性を理解することによって生じるでしょう。(14)

まず私事をきちんと整えてから、神に仕えなければならないと考える人は多いものです。これは正しくありません。神には、あらゆる状況下で、毎分、毎時、奉仕しましょう。神に奉仕する前に、自らの生活をきちんと整えたいと思えば、あなたは今の好ましい状態を失うでしょう。私がこの考えをあなた方に示しているのは、あなた方が常に、自分たちはクモの糸ほどに細い糸であるということを覚えておいて欲しいからです。その糸が結び付けられていなければ、その糸は外側の暴風に耐えられないでしょう。数千本の糸が一体となれば、硬く耐久力のあるものになります。あなた方一人ひとりが、一体となることなく自分自身のために生きていると、あなた方の強さはクモの巣に等しくなり、クモほどのことしか成しえないでしょう。しかし、あなた方が一体となれば、必要な仕事を果たすことでしょう。神の仕事は一人の人だけによって行われているのではなく、多くの人々によって行われているからです。多くの人々が、神の仕事を成し遂げる宿命を負っているのです。(3)

自分自身を正すこともしないで、世界の手筈が整うのを待っていてはいけません。それは新しい信条が求めているものなのです。(85X)

誰もが地上に天国の到来を願う必要があります。誰もが神の御意志が地上で果たされることを願う必要があります。誰もが光と知識の到来を願って、叡智の側に立つ必要があります。誰もが真実の側に立ち、自由の獲得を願う必要があります。これはあなた方が神聖なものの導き手となり、あらゆる苦難を克服する唯一の方法です。あなた方はみな、自らの使命をしかるべく果たすよう任されています。神はすでに、あなた方に素晴らしい身体、聡明なマインド、高貴なハート、強い意志を与えているのですから、あなた方はその特性を発達させなければなりません。さらに神は、すでにあなた方に強力なスピリットと偉大なる魂を与えています。その代わりに、あなた方は進んで誠実に神の御意志を果たす必要があります。このことを知っている人はこう言うはずです。「私たちはみな、地上に神の王国が到来するよう、目覚めた魂として働こうとしています」。(40)

人々がお互いに兄弟姉妹として愛し始め、暴力を振るうことなく自分の財を分け与える準備ができたとき、その瞬間、私たちは神が地上に現れたと言うことができます。神が人々の間に訪れる方法は、ほかにありません。これが、人々が地上に天国の到来を期待する唯一の方法です。(38)

キリストが地上に現れたら、すべての人が蘇るでしょう。つまり、人々がみな愛し合うとき、飢えも、貧困も、病気も、誤解もなくなるでしょう。それから、家や財布をお互いに明け渡しあうでしょう。さらに、みなが神を知るようになり、神の意志が神自身を見えるようにします。そして愛は、すべての人のための法になります。(11)

神の愛は、すべての人をひとつにします。これは毎日試される偉大な真実です。(3)

新しい信念は、地球の人々の間に兄弟姉妹の関係をもたらすため、人々がお互いのために仕えるために、この世界に訪れつつあります。この考え方が実現する日は来ますし、新時代のその日は来ます。朝日の時代です。(47)

新しい信念とは何を表しているのでしょうか。それは人のマインド、ハート、そして意識を自由にします。重荷は一切残りません。あなたが貧しければ、貧困という重荷を取り去ってくれるでしょうし、空腹であれば、ひもじさから解放してくれますし、恐怖を感じているのであれば、恐れから自由にしてくれるでしょうし、自惚れているのであれば、虚栄心から解放してくれるでしょうし、高慢であれば、思い上がりをなくしてくれるでしょうし、貪欲であれば、その汚い欲をなくしてくれるでしょう。そのいずれの否定的な状態を意識して抱えているかぎり、何も成し遂げることはできないでしょう。(85X)

愛が生命をもたらし、叡智が光と知識をもたらし、真実が自由をもたらします。愛は生命の基本であり、光と知識と自由は、愛が顕現する条件です。(89X)

新しいものは、愛と叡智との繋がりを創出するという点で、古いものとは異なります。(27X)

マインドは良い行いに役立つことを確約するでしょうし、ハートは愛に救いの手を差し伸べるでしょうし、意志は真実に救いの手を差し伸べます。これに対して、あなたの魂はただひたすらに、神の叡智に従うことを誓うでしょう。(65X)

私があなた方に人生の新しい概念について話すとき、古いものをただちに捨て去るのです、破壊するのですと言っているのではありません。古いものは、あなた方が新しい考えを植えるときに肥料としてとどまるでしょう。(28X)

古い信念は根元のところで働かせておきます。その間、新しい信念は枝葉のところで働きます。現在、人々は新しい思考と新しい感情によって創出される、新しい形で表現された新しい人生の概念を必要としています。(87X)

あなた方は何よりもまず、マインド、魂、ハート、そして力の全体で、主を愛さなければなりません。次に、隣人を自分自身のように愛する必要があります。その次に、敵を愛するのです。(31X)

あなた方がお互いに助け合うことは、何よりも重要です。そこに新しい信念、つまり相互扶助があります。(25X)

神聖な信念とは、実体験するという信念です。独り言では不十分です。応用することが重要な要件です。(39X)

兄弟姉妹よ、お互いに愛し合い、助け合いなさい。それが、神聖な信念がこの世界の人々に求めていることなのです。(64X)

兄弟姉妹であることは、何よりもまず純粋さを意味します。どの点での純粋さでしょうか。思考、願望、行動の純粋さです。マインドとハートが拡大するはずです。(86X)

あなたが傷を負ったとき、あなたが不幸なときに、自分の兄弟を知るでしょう。あなたを抱きしめて、キスをして、家に連れて帰ってくれるでしょう。姉妹であっても同じです。(86X)

私たち、新しい教えを説く人々は、信心深さ、知識、力、善良さのいずれでもなく、その愛によって識別されなければなりません。これは自然な方法です。(6)

清廉さ、愛、叡智、そして光によって行われる地球上のあらゆるものは、調和をもたらします。

調和があるところであれば、何事も成し遂げられます。（97Ⅹ）

現代の人々が唯一、獲得する必要があるものは、兄弟愛――理性的《ノエティック》な人々の兄弟愛です。「兄弟愛」という言葉によって私が意味するのは、神が内側に植えこんだものを発現させ、進行を妨げないための、ギフトとしての権利と条件です。一人の進歩は、人類全体の進歩です。（97Ⅹ）

神聖な理由で愛をこめて働く善良な人であれば、その信念や国籍に関係なく、誰とでも繋がりましょう。このようにすることによってのみ、人々は地上にやってきた理由を理解するのです。（39Ⅹ）

私たちはこの世界のメンバーであり、神の御意志がどのようなものであっても、それを果たさなければなりません。これは、永遠の生命の偉大なる法則です。これは、善の実現を願う弟子全員のための偉大なる法則です。そしてそれは、地球上ではまだ印刷されていない、神聖な書物に書かれています。（6）

人々は何から解放される必要があるのでしょうか。この世界に存在するあらゆる欠陥からです。その人たちはその後、完全な光の中に現れ、神の法をすでに理解しているあらゆる善良な人々と

出会うでしょう。（97X）

あなた方はみな、新しい知識、スピリットの知識、愛の知識を必要としています。（56X）

愛を見つけたら、すぐにあなたは生命の内なる意味を知るでしょう。そうすることによって、あなたはこの世界のあらゆるもの、動物、植物、石ころの一個までをも愛するのです。あらゆるものを愛するのです。ただし、何かを所有しようと競ってはいけません。あなた方がどこに偉大な愛を見ても――小麦の粒にであっても、太陽光線にであっても、人間にであっても――それを純粋で神聖なままにするのです。これを完全に純粋なスピリットに維持することができれば、あなたはあらゆることが自分の目の前に示される道に入ったことになります。こうすることによって、あなたは自分自身のこと以上に、他人についてもっと考えるようになるのです。そうしてあなたは、世界がどのようにして正しい状態になるのかを、もうたずねはしないでしょう。あなたは、自分が住んでいる世界がまったく正しいということを知るでしょう。（3）

私たちは、人々に神の存在を信じさせようとは思っていませんが、みなに神聖な光とぬくもり、神聖な知識と自由を使ってもらいたいと思っています。（27X）

意識のなかに日が昇る前、人は押さえる力と引っ張る力の間で生きていて、その二つのバランスや調和をとることができません。内側で太陽、つまり理性的《ノエティック》な原理が現れれば、その人は、たちどころにその二つの力に容易に対処できるようになります。自分自身の内側の相対するこの二つの力が調和したら、人々は創造的な力を現しはじめ、自らを意識的で理性的《ノエティック》な作業に捧げます。この状態に至るためには、神聖な知識を学んで会得しなければなりません。理性的《ノエティック》な人は、全体にもその一部にも仕えて働き続けます。その法則は、個人、家族、社会、国、そして人類全体に当てはまります。その法則は、生命や自然のどこででも働きます。（14）

人々は、光と熱を享受できるよう太陽が昇ることを期待します。私にとっては、昇ったのは外側の太陽のみであるかどうかは問題ではありません。外にある太陽は昇っても、人間の内にある太陽が昇っていなければ、何も得られません。外にある太陽が昇るときに、内にある太陽が昇ることとが一致しているのが、重要な瞬間なのです。これが本物の日の出です。外にある太陽は、生きとし生けるものにとって価値がありますが、内にある太陽は人類にとって重要です。内側と外側の両方をみることに勝る喜びはありません。地球上のあらゆる人が創造主を理解し、見分けることができているとき、最も素晴らしいのは人類の喜びであり、天国全体の喜びです。そのとき、地上に天国が訪れています。（5）

今日の人々は、愛されたいと思っています。その願望は正しいのですが、一人から愛されるのでは十分ではありません。人類は、太陽の光一筋のみが通過できる微細なチューブのようなものです。この太陽光線は生命に寄与するものですが、この世界で最も強力なものは、欠けるところのない太陽です。その太陽全体の光は、人々のなかに入り、その人々の家のなかの一番光が届きにくいところまで照らさなければなりません。一つの太陽光線は、一人の愛です。これは十分ではありません。人々を変容させることができない愛、人を健康にも、善良にも、賢明にもできない愛は、その名に値しません。

愛は、人類を変容させ、生命のよりどころである秘密の名のもとに、どんな種類の犠牲にもなる心づもりをさせる力のことです。本当の犠牲とは、宇宙の創造主のための犠牲、神のための犠牲であって、単に人々の犠牲ではありません。あなた方はどこに神を見つけるでしょうか。神は生きとし生けるものの魂に隠れています。あらゆる人に、かつてキリストがそうであったように、偉大なる犠牲が求められます。犠牲とは何からできているのでしょうか。神の御名において、その人たちが十字架に貼り付けになったとき、こう言うのです。「父よ、彼らをお許しください」。(3)

未来の文化

文化とは、高次の存在たちの努力の賜物です。その存在たちは、人々のマインドに働きかけて、光をもたらします。一方で、その存在たちは、高尚な衝動、高貴な願望、そして感情を注ぎ込みます。人々がこのことを実感したら、文化とは、理性《ノエティック》ある存在たちによる、人類全体に対する意識ある働きかけ以外の何物でもないことを理解するでしょう。音楽も詩も芸術も科学も、私たちの生活に意義を与えるものであり、高次の世界からアイデアとして降りてきて、地球上で実体をもちます。賢明な存在たちは地球にやって来て、こんなふうに生命をもたらす準備をします。それが未来の文化です。（36－31）

良い行いをしているかぎり、その人は、常に正しく発展するための条件を備えていることになり、徐々に進歩して新しい文化と新しい生活の考え方をするようになります。（18－71）

願望と思考が、現在の世界を創造しています。私たちが愛について話し始めたら、愛が訪れます。自由について話し始めたら、自由が訪れます。（109X－43）

現在の文化は、発展するなかで上に向かってらせんを描くように動いています。この文化のあと、つまり第五の種族の文化のあとは、第六の種族の文化が訪れます。それは感情の文化であり、ハートの文化です。それは崇高な文化の一つです。その文化のなかでは、ハートもマインドも正しく発展することができるでしょう。（28－202）

新しい文化はまもなく来ます。人間の思考と感情は整えられなければならず、さらに「人類のうち強い影響力をもつ人」と呼ばれる人たちがやって来て、人類を高めることに着手します。それは偉大な作業です。人類を高めることは、一人のみの作業ではありません。（105X－410）

スピリチュアルな要素がこの世界に訪れつつあります。ですから、未来の作家、詩人、脚本家、音楽家は、そのスピリチュアルな要素を自らの作品に込めなければならないのです。（14－88）

今訪れつつあるあらゆるものは、神聖な愛であり、それが人々に法と秩序をもたらします。法と秩序が訪れて、未来の人々はお互いを知り、友愛の生活を始めるでしょう。その友愛の考え方が現実のものとなるそのときに、統治者は賢明になるでしょう。教師と教授と母親たちは、学識があり賢明になるでしょう。その人たちは、お互いに兄弟姉妹となり、地球は恩恵の場所になるでしょう。（105X－183）

善良な人々は、地球のどこの出身であってもお互いに手を貸し合い、神聖な愛、叡智、真実の名のもとに統合します。そしてその人たちは、新しい文化に利益や業績を残らずもたらします。偉大な人たちは、地球の未来です。神はこの世界に現れています。（14X）

進化を終えた見えない世界の崇高な存在たちは、新しい文化での共同作業者、純粋なハートとまばゆいマインドを持った人々を探しています。神自身と天使たちが、人間に関する事柄を解決するために地球にやって来ていると想像できますか。その存在たちは、地球上でやる気に満ちた人々を通じて姿を現します。(14－114)

あらゆる偉大な音楽家、詩人、芸術家、科学者は、人類救済のために働いています。その人たちを通して、目に見えない世界は人々を高めるでしょう。(14－117)

極端な個別化の今の時代にあって、切り離された個人や国はあまりにもお互いに離れすぎています。それぞれが自身のために生きて、個人の目標や関心を追及しています。今日、それは単に別々の個人というのではなく、社会と国の全体に当てはまり、解決することもバランスをとることもできない難しい状況と可能性に直面して、大きな圧力と緊張を受けています。これが全体として、個人だけでなく社会生活や国際生活に、生命力の新しい流れが入り込んでくることが大いに必要であることを示しています。そしてこの流れはすでに、生命の中に流入しはじめています。それは、一部と全体との正しい関係を引き起こします。人体の細胞や臓器は、それぞれに孤立して個別化して人体から切り離された状態にあるときに、正常に機能するでしょうか。

同じように、切り離された個人や社会や国は、自分自身を大きな全体として、人体の一部として意識するようにならなければなりません。こうすることによって、生命の形態の根本的な変化が起こります。どの一部分も、その成功と繁栄は、生命体全体の成功と繁栄に依存していることをはっきり知らなければなりません。これは、新しい生命の理解です。これは、人の意識に今昇りつつある太陽です。これは、新しい生命の流れであり、すでに作用しはじめており、あらゆる生活圏でその影響が日ごとに強力さを増しつつあります。その流れは、あらゆる社会や国にあふれ、美しく理性的《ノエティック》で調和的な生命の基礎を地上に置きます。

人類は今、二つの文化、二つの時代が出会う先端にいます。新時代は近づいていて、その時代にあっては、人々が今まで生きてきたなかでの誤った考えは、残らず変容させられるでしょう。新しい地球と新しい天国は、生命の今の形から作られることになります。人々はお互いに兄弟姉妹として尊重しあい、お互いに自らを犠牲にする準備ができるでしょう。

今の世界は、大いなる変容を受けることが決まっています。楽園とは、あらゆる存在がお互いに愛し合い、お互いのために生きている場所です。新しい生命の概念のなかで、人々は自分たちにとって良いことは、ほかの誰にとっても良いことであると知ります。新しい意識と新しい理解は、生命の全秩序のもと、基本的な変容に影響を及ぼすでしょう。そして、仕事は新しい光のなかで、敬意を表されるでしょう。愛は、新しい仕事の形に向かわせる刺激になるでしょう。

これからくる時代は、明るい未来になります。しかし現時点では、人類は暗黒域を通過している途中です。新時代は、復活の時代と呼ばれています。ここでいう復活とは神の愛以外の何物でもなく、この愛は人の意識を目覚めさせ、人に生命を宿します。

将来的には、あらゆる国が兄弟のような関係を享受し、きらめく愛の種族として進化します。そして、真の生命の神聖な炎が、美となって現れるでしょう。生命はその見えないところに顕現するのではなく、その真髄に顕現するでしょう。

今の苦難は、新しい人類の産みの苦しみです。新しい人類は、この世界の新しい日が来ていることを物語る夜明けのように、忍び足で地球に近づいてきています。(14)

参考文献

参照番号がひとつ付いているものは、左記の番号を付したものが引用元になります。番号が二つ付いているものは、前の番号が左記の引用元を示し、後の番号がその書物内のページ番号を示しています。書名はいずれもペーター・K・ダノフ（ベインサ・ドウノ）によるものです。

＊1――マスターの歌集、ソフィア、1938
＊2――私たちの場所、ソフィア、1931
＊3――威厳ある魂の道、ソフィア、1935
＊4――生命という衣服（1932-3）、ソフィア、1950
＊5――種をまく者（1932-3）、ソフィア、1950
＊6――弟子の道（1927）、ソフィア
＊7――5人の兄弟（1923）、ソフィア、1949
＊8――力と生命、第Ⅲ巻、（1921-2）、ソフィア、1922
＊9――心動かす自然の場面（1922-3）、ソフィア、1935
＊10――この時代の清算（1937-8）、ソフィア、1948
＊11――オカルト学校の校則（1923）、ソフィア
＊12――日々の秩序と指示（1925）、タルノヴォ

＊13――良い習慣（1923）、ソフィア、1936
＊14――新しい日（1940）、ソフィア
＊15――成長の条件（1930）、ソフィア、1939
＊16――聖地（1927）、ソフィア、1939
＊17――生命の矛盾（1922）、ソフィア、1934
＊18――二つの方法（1922）、ソフィア、1934
＊19――若者向けオカルト学級の講話集Ⅳ、Ⅴ、Ⅵ（1925）、ソフィア、1929
＊20――マスターの聖なる言葉集（1935）、ソフィア
＊21――会合の講話集（5-8, viii, 1925）、ソフィア
＊22――思惟的な生活（1923）、ソフィア、1926
＊23――自然のポジティブな力とネガティブな力（1922）、ソフィア
＊24――オカルト医学（1922）、ソフィア
＊25――成長の方向（1926-7）、ソフィア、1938
＊26――三つの生命（1922）、ソフィア
＊27――光と闇の影響（1925-6）、ソフィア、1927
＊28――新しい思考（1932）、ソフィア、1947
＊29――絶対的な純粋さ（1929）、ソフィア
＊30――自然の二つの方法（1923-4）、ソフィア、1924
＊31――神聖な思考（1927-8）、ソフィア、1942
＊32――神の行い（1930）、ソフィア、1942
＊33――その道に入る（1927）、ソフィア、1930

＊34——生ける造物主（1922）、ソフィア、1948
＊35——神聖な状態（1928-9）、ソフィア、1942
＊36——高い理想（1923）、ソフィア
＊37——団結と共同体の法（1928）、ソフィア
＊38——スピリットと肉体（1927）、ソフィア
＊39——愛の証、第Ⅲ巻、（1944）、ソフィア
＊40——色の輝きの証（1912）、ソフィア、1940
＊41——明確な動き（1929）、ソフィア、1939
＊42——聖なる二つの姿勢（1925）、タルノヴォ
＊43——若者向け学級の講話集（1925）、ソフィア、1929
＊44——エネルギーの正しい配分（1923）、ソフィア
＊45——生ける言葉（1926-7）、ソフィア、1937
＊46——人類の未来の信念（1933）、ソフィア、1934
＊47——愛の言語（1935）、ソフィア
＊48——神の法（1930）、ソフィア、1940
＊49——叡智のはじまり、ソフィア、1947
＊50——三つの方向（1933）、ソフィア、1948
＊51——生命の原動力（1938）、ソフィア
＊52——矛盾が意味するところ（1923）、ソフィア
＊53——未解決（1926-7）、ソフィア、1933
＊54——神は知っている（1925）、ソフィア、1926

＊55――愛の証、第I巻、（1944）、ソフィア
＊56――新しい前夜（1931）、ソフィア
＊57――マスターの談話と指示（1921）、タルノヴォ
＊1 X――絶対的真実（1930-2）、ソフィア
＊2 X――絶対的正義（1924）、ソフィア
＊3 X――29参照
＊4 X――談話と説明と指示（1919）、タルノヴォ
＊5 X――57参照
＊6 X――女性の中で祝福された者（1930）、ソフィア
＊7 X――31参照
＊8 X――神の声（1930）、ソフィア
＊9 X――46参照
＊10 X――偉大なる思惟的な原理（1932-3）、ソフィア
＊11 X――永遠の若返り（1945）、ソフィア
＊12 X――永遠の善（1943）、ソフィア
＊13 X――36参照
＊14 X――33参照
＊15 X――会合での談話と指示（1920）、タルノヴォ
＊16-18 X――オカルト学校の校則（1923）、ソフィア
＊19 X――27参照
＊20 X――書かれているものすべて（1917）、ソフィア

＊21 X――幸福の可能性（1942）、ソフィア
＊22 X――永遠の表現（未発表）
＊23 X――偉大なる兄弟（1923）、ソフィア
＊24 X――26参照
＊25 X――18参照
＊26 X――51参照
＊27 X――32参照
＊28 X――13参照
＊29 X――9参照
＊30 X――世紀末（1926）、ソフィア
＊31 X――38参照
＊32 X――愛の言語（1939）、ソフィア
＊33 X――物事の自然の秩序（1929）、ソフィア
＊34 X――生ける言葉（1937）、ソフィア
＊35 X――全体のための生命（1939）、ソフィア
＊36 X――生命と関係（1931）、ソフィア
＊37 X――愛の証、第Ⅱ巻、（1944）、ソフィア
＊38 X――39参照
＊39 X――37参照
＊40 X――力と生命、第Ⅴ巻、（1922）、ソフィア
＊41 X――12参照

*42 X——宇宙的なものとありふれたもの（1919）、ソフィア
*43 X——魂の美（1938）、ソフィア
*44 X——10参照
*45 X——神への愛（1931）、ソフィア
*46 X——自己教育の方法（1930-31）、ソフィア
*47 X——神の王国は来た（1925）、ソフィア
*48 X——日々の思考（未発表）
*49 X——内側と外側を結びつけるもの（1926）、ソフィア
*50–52 X——16–18 X参照
*53 X——12参照
*54 X——49参照
*55 X——2参照
*56 X——59参照
*57 X——56参照
*58 X——28参照
*59 X——新しい生活（1922）、ソフィア
*60 X——弟子の新しい概念（1927）、ソフィア
*61 X——新人類（1947）、ソフィア
*63 X——14参照
*64 X——新しい人（1947）、ソフィア
*65 X——57参照

＊66―67X――16―18X参照
＊68X――36参照
＊69X――オカルト音楽（1922）、ソフィア
＊70X――人生で支援を得られる時点（1942）、ソフィア
＊71X――41参照
＊72X――父は私を愛してくれています（1936）、ソフィア
＊73X――単純な真実（1933）、ソフィア
＊74X――16X参照
＊75X――23参照
＊76X――25参照
＊77X――16X参照
＊78X――あなたの判断は正しい（1930）、ソフィア
＊79―80X――16X参照
＊81X――17参照
＊82X――弟子の道（1927）、ソフィア
＊83X――22参照
＊84X――聖地（1924）、ソフィア
＊85X――5参照
＊86X――8参照
＊87X――自然の要素（1947）、ソフィア
＊88X――8参照

＊89X——古いものは去った（1927）、ソフィア
＊90X——意識の段階（1939）、ソフィア
＊91X——覚醒（1931-2）ソフィア
＊92X——自然のつり合い（1949）、ソフィア
＊93X——神が創造する（1936-7）、ソフィア
＊94X——16X参照
＊95X——26参照
＊96X——50参照
＊97X——15参照
＊98X——勉学と仕事（1934）、ソフィア
＊99X——自然の力（1938）、ソフィア
＊100X——価値ある言葉（1941）、ソフィア
＊101X——偉大なる生命の書からの価値あるもの（1932）、ソフィア
＊102X——純粋で聡明（1926）、ソフィア
＊103X——43参照
＊104X——よい兵器（1934）、ソフィア
＊105X——日々の思考（1983）、未発表
＊106X——日々の思考（1985）、未発表
＊107X——16X参照
＊108X——力と生命（1921）、ソフィア
＊109X——30参照

＊110X――日々の思考（1988）、未発表
＊111X――34参照
＊112X――神は彼らに教えていた（1949）、ソフィア
＊113X――35参照
＊114X――思惟的な人の条件（1926）、ソフィア
＊115X――30参照
＊116X――26参照
＊117X――30参照
＊118X――達成しうるもの（1927）、ソフィア
＊119X――日々の思考（1984）、未発表
＊120X――日々の思考（1986）、未発表
＊121X――生命の偉大なる条件（1944）、ソフィア
＊122X――16X参照

編集者について

デヴィッド・ロリマー　MA（Master of Arts：文学修士号）、PGCE（Postgraduate Certificate for Education：大卒教師資格）、FRSA（Royal Society of Arts Fellow：英国王立技芸協会が個人に授与する栄誉称号）は、作家、講師、編集者であり、Character Education Scotland（スコットランド人格教育）の最高責任者、Scientific and Medical Network（科学と医療ネットワーク、www.scimednet.org）のプログラム責任者、Wrekin Trust（レキン・トラスト）会長、Swedenborg Society（英国スウェーデンボルグ協会）の前会長である。元々は外国為替引受業者であり、その後、ウィンチェスター・カレッジで哲学と現代言語を教えているほか、執筆、編集した本は十数冊を数える。最近では『The Protein Crunch（プロテイン・クランチ）（ジェイソン・ドリューとの共著）』、『A New Renaissance（新ルネサンス）（オリバー・ロビンソンとの共編）』がある。ベインサ・ドウノ（ペーター・ダノフ）に関する書籍はほかに二冊編集しており、ドウノの祈りと教えの文言を英語に翻訳したものである『The Circle of Sacred Dance（聖なるダンスの輪）』と『Gems of

www.davidlorimer.co.uk

Love（愛の宝石）』がある。ロリマーはこのためにブルガリア語を習得している。

デヴィッド・ロリマーは、International Futures Forum（国際未来フォーラム、www.internationalfuturesforum.com）の創立メンバーであり、そのダイジェスト版『Omnipedia-Thinking for Tomorrow（オムニペディア——明日のために考える）』を編集している。ほかにも、環境分野のセントアンドリュース賞の役員、チャーチル協会会員でもある。ロリマーの手によるプリンス・オブ・ウェールズの考えと成果に関する書籍『Radical Prince（急進的な王子）』は、ドイツ語、スペイン語、フランス語に翻訳されている。また、飼っている二匹の黒のラブラドルレトリバー、ミリーとザラの名前でも本を書いている（www.lookafteryourhuman.com 参照）。ロリマーは、Inspire-Aspire Values Poster Programmes（現在は Inspiring Purpose programme：若者を対象に独自のポスターテンプレートを使って自己に向き合い、自らの価値や長所について考えるとともに、励みになる人や物、願望や将来の目標についても考えさせる機会を与えるプログラム）の創始者でもあり、関わっているイギリスと英連邦周辺の若者は二十万人を超える（www.inspire-aspire.org.uk 参照）。

訳者あとがき

本書『現代の預言者ペーター・ダノフ　その人生と教え』は、私がスピリチュアルな方法に出会い、いわゆる引き寄せの法則の仕組みを理解し、それを検証するための実験の結果として、願った通りのことが起きて私の手元に原書がもたらされ、できあがりました。

原書を手にして最初に目に留まった部分はまさに、本書を編集したデヴィッド・ロリマー氏が、ペーター・ダノフというブルガリアのスピリチュアル・ティーチャーを知るきっかけになったところと同じでした。

「世界は私の前にひれ伏し、私はペーター・ダノフの前にひれ伏す」

～アルベルト・アインシュタイン～

この本は、日本でいえば明治維新の頃から、第二次大戦の終わりまでの地球にいたブルガリア人ペーター・ダノフ（スピリチュアル・ネーム：ベインサ・ドウノ）が講演や著作物で説いた教えを抜粋してまとめられたものです。

ブルガリアと聞くと、日本人ならさしずめ「ヨーグルト」、最近であれば「ダマスクローズ」くらいしか思い浮かばない人が多いのではないでしょうか。私にとってブルガリアは、まったく無関係の存在ではなく、大学でロシア語を専攻していたこともあって、同じキリル文字を使うブルガリア語の翻訳のお仕事は何度かさせていただいたことがあり、本書のなかに時々出てくるブルガリア語の単語はどれも、馴染みのあるものばかりです。そんな、ちょっとしたご縁を感じる本書との出会いですが、翻訳を進めるうち、以前から漠然と頭のなかにあった「幸せに生きるとはどういうことだろう」という問いへの答えが、本書にはあるのだと思うようになっていきました。

本書を翻訳していると、不思議とそこに書かれている内容と符合することが、言葉や出来事となって目の前の現実世界に現れたり、頭のなかで考えたり疑問に思ったりしていたことの答えになるような言葉が書かれてあったり、といったことが起きるようになってきました。自分に合った睡眠のとり方について考えていると、睡眠に関する指南や、スピリチュアル的に人は睡眠中に何をしているのかといった件《くだり》が出てきたり、断食の項目を翻訳していると、友だちの間で断食が話題に上ったり。日本人にはほとんど馴染みのない「骨相学」という言葉までもが本書のなかに現れて、私に骨相セラピーのセミナーを始めなさいとサインを送ってきてくれました（実際にこれをきっかけに行動を起こして、セミナー開催に至りました）。

そんな、何度も起こるシンクロニシティに、面白がったり不思議がったりしていましたが、そのうちに氣づきました。ごく普通に日常生活を送るなかで、意識していればスピリチュアルな氣づきはいくらでも得られるものであり、それに氣づけば何氣ない日常は自然に上手くいくし、幸せに生きることができるようになるのだと。本書に書かれている教えは、さほどスピリチュアルに傾倒していない人でも、面白いなと思ったり、ピンときたものから日々の生活に取り入れてみれば、何かが変わってくるのではないかと思いますし、スピリチュアルに興味のある人にとっては、すでに実践されていることも多いのではないかと思います。いわゆる普通の日常をいかに生きればよいかのヒント、何氣ない日常を幸せで健康に生きるためのヒントになっていますので、氣づいて実践すれば上手くいくのだと感じていただけるとうれしいです。

本書はスピリチュアル・ティーチャーの言葉を集め、テーマごとにまとめたものになっていますので、前から順番に読み進めるのも、もちろんお勧めではありますが、何氣なく開いたページに、今の自分に必要な言葉が見つかった、といったこともあるかと思います。

ペーター・ダノフは、ブルガリアという「バルカン半島の辺鄙な」国に生まれ育ち、西洋諸国の間でも事実上無名だったスピリチュアル・ティーチャーですが、彼の本がこうして日本語になって、その教えをお届けするお手伝いができて本当にうれしいです。

最後になりましたが、一通の応募メールから、簡単なやり取りだけで、本書を翻訳する役割を与えてくださったナチュラルスピリットの今井社長と、こんな若輩翻訳者をとても丁寧にアシストし、支えてくださった編集者の北野智子さん、そして宝地図のセミナーで引き寄せの最終スイッチを押してくださった望月俊孝先生に、心から感謝の意を表します。
一人でも多くの方が、安心して、日々を元氣に生きられますように。

二〇二〇年三月

辻谷瑞穂

プロフィール

ペーター・ダノフ（Peter Deunov）

（スピリチュアル・ネーム：ベインサ・ドウノ Beinsa Douno）

ペーター・コンスタンチノフ・ダノフは1864年7月12日、司祭であるコンスタンチン・ダノフスキの三人の子どものうち末っ子としてブルガリアに生まれる。

ヴァルナとスヴィシュトフという町で中等教育を受け、ハタンツァという村でしばらく教えたあと、1888年にアメリカに発つ。

神学校や医学部で学んだのち、1895年に帰郷する。

1897年3月、通過儀礼《イニシエーション》を経験する。

1898年10月、声明「みなさんへ」を発表する。

1900年、白色同胞団をヴァルナで発足。

1905年〜1926年、首都ソフィアを拠点に講話をする。

1922年、「オカルト学校」を開校。

1920年代にソフィアの町はずれのイズグレフという地に白色同胞団の拠点ができる。

1930年代〜40年代初頭、体系的な講義を続け、毎年のようにムサラ山近くでの夏のキャンプも行う。

1944年12月27日朝6時、息を引き取る。

訳者プロフィール

辻谷瑞穂（Mizuho Tsuzitani）

1972年兵庫県生まれ。20年以上にわたり医学翻訳者として和訳、英訳などに携わってきたが、いわゆる「引き寄せの法則」に出会い、意識の力9割で本書『現代の預言者ペーター・ダノフ その人生と教え』の翻訳を引き寄せる。訳書に『理学療法士のための臨床測定ガイド』（GAIA BOOKS）、『Dr.アップルの早期発見の手引き診断事典』（GAIA BOOKS）、『写真とDVDでわかり易い最先端のテーピング技術』（GAIA BOOKS）がある。

現代の預言者ペーター・ダノフ

その人生と教え

●

2020年4月8日　初版発行

編者／デヴィッド・ロリマー
訳者／辻谷瑞穂

編集／北野智子
DTP／山中　央

発行者／今井博揮

発行所／株式会社ナチュラルスピリット

〒101-0051 東京都千代田区神田神保町 3-2　高橋ビル２階
TEL 03-6450-5938　FAX 03-6450-5978
E-mail　info@naturalspirit.co.jp
ホームページ　https://www.naturalspirit.co.jp/

印刷所／創栄図書印刷株式会社

ISBN978-4-86451-334-0　C0010
落丁・乱丁の場合はお取り替えいたします。
定価はカバーに表示してあります。

●新しい時代の意識をひらく、ナチュラルスピリットの本

シュリ・アーナンダマイー・マーの生涯と教え
アレクサンダー・リプスキ 著
藤本 洋 訳
『あるヨギの自叙伝』でも紹介された至福に浸る聖母の生涯と教えを、アメリカの大学教授が記述した名著！
定価 本体一五〇〇円＋税

ただ愛のみ
シュリ・スワミ・ヴィシュワナンダ 著
山下豊子 訳
ババジやイエスとも交流をもつモーリシャス出身、ドイツ在住の覚者が愛と神について説き明かす。
定価 本体二二〇〇円＋税

波動の法則
足立育朗 著
形態波動エネルギー研究者である著者が、宇宙からの情報を科学的に検証した、画期的な一冊。宇宙の仕組みを理解する入門書。
定価 本体一六一九円＋税

真 地球の歴史 波動の法則II
足立育朗 著
時空を超えて届けられた宇宙からの緊急メッセージ！ 新しいステージに向けて最も大切なことは。口絵（グラビア）8枚入り。
定価 本体一八〇〇円＋税

波動の法則 実践体験報告
足立育朗が語る時空の仕組と現実
形態波動エネルギー研究所 監修
今井博樹 編著
『波動の法則』『真地球の歴史』以降の最新の研究成果を、インタビューとしてまとめた本。
定価 本体一八四〇円＋税

あるがままに生きる
足立幸子 著
15年にわたり25万部以上のベストセラー＆ロングセラー、待望の復刊！ 宇宙の波動と調和して直観に従って素直に生きる、新しい時代の生き方を示す一冊。
定価 本体一二〇〇円＋税

ニサルガダッタ・マハラジが指し示したもの
時間以前からあった永遠の真実
ラメッシ・バルセカール 著
髙木悠鼓 訳
どんな「自分」もどんな「あなた」もいない、ただ「私」だけがある。長年身近に接してきたバルセカールが、ニサルガダッタの教えと人柄を紹介。
定価 本体二五五〇円＋税